Sant Kirpal Yog Sadhna Ashram

Sant Kirpal Singh

Soami Divyanand

Die Texte dieses Buches entstanden in wörtlicher Rede. Um die Botschaft des spirituellen Meisters in ihrer Reinheit zu erhalten, war es bei der Übersetzung unvermeidbar, die deutsche Sprache an einigen Stellen stilistisch zu beugen.

Der Herausgeber

Soami Divyanand

Der Pfad des Meisters

Meditation des Licht- und Tonstroms

CIP-Kurztitelaufnahme der Deutschen Bibliothek

<u>Divyanand, Soami:</u>
<u>Der Pfad des Meisters</u> : Meditation d. Licht- u.
Tonstroms / Soami Divyanand. Sant Kirpal Yog
Sadhna Ashram. - Clausthal-Zellerfeld : Param,
1982.
Aus d. Ms. übers.
ISBN 3-88755-001-3

© Verlag Günter Koch

Postfach 229 - D 3392 Clausthal-Zellerfeld
Gesamtherstellung alfa-druck Göttingen
ISBN 3-88755-001-3

Inhalt

I   Einleitung   10

II   Vorträge des Meisters

Der Zweck des menschlichen Lebens   16
Spiritualität – die Wissenschaft des Geistes   27
Sehen ist Glauben   36
Die Gesetze des Handelns   47
Die wichtigste Voraussetzung
      für den spirituellen Fortschritt   66

III   Gespräche mit dem Meister

Was ist Religion?   78
Was ist Gott?   87
Was ist der Gottmensch?   95
Was ist die Initiation?   110
Ethisches Leben   120
Empfänglichkeit   132
Meditation   139
Erlösung   146

IV Anhang

Der lebende Meister   158
Sant Kirpal Nagar – eine spirituelle Stadt   164
Glossar   183

I

Einleitung

Die Meister lehren die Spiritualität. Spiritualität ist die praktische Seite der Religion. Die Religion hat zwei Aspekte – einen theoretischen und einen praktischen. Den theoretischen Teil nennen wir Philosophie. Die Philosophie ist uns in jenen Erfahrungsberichten zugänglich, die Menschen über den Pfad der Religion hinterlassen haben. Das Studium der jeweiligen Schriften weckt den Drang in uns, selbst den praktischen Pfad aufzunehmen. Wir können die Kenntnis der Philosophie als den Wegbereiter betrachten, während die Spiritualität darin besteht, die Grundsätze der Philospohie im praktischen Leben zu verwirklichen. Sie beginnt, wenn wir die Philosophie kennen und verstehen. Die Schriften zu lesen, Rituale einzuhalten, Entsagung und Buße zu üben, sind Anfangsschritte, die den Boden bereiten.
Religion bedeutet, Gott zu erkennen. Gott schuf die Welt. Er ist die kontrollierende Kraft des gesamten Universums. Wir irren uns, wenn wir denken, Religion sei nichts weiter als Aberglaube. Religion ist die praktische Wissenschaft der Gotterkenntnis. So wie wir in anderen Wissenschaften auf die Führung durch einen kompetenten Lehrer angewiesen sind, so ist ein spiritueller Meister von größter Wichtigkeit, wenn man den Pfad der Spiritualität aufnehmen will.

*Ein Lehrer oder Meister ist jemand, der nicht nur die theoretischen Grundlagen seiner Wissenschaft kennt, sondern diese selbst praktisch "gemeistert" hat. In der spirituellen Wissenschaft nennen wir den einen Meister, der selbst Gott erkannte und uns ebenfalls eine Erfahrung von Gott geben kann. Philosophien können von Menschen gelehrt werden, die theoretisches Wissen besitzen, während die Spiritualität nur von einem Menschen der Praxis vermittelt werden kann, einem, der selbst den Pfad zuende gegangen und auch uns ans Ziel zu bringen vermag. Nur eine solche gottverwirklichte Seele, die kompetent ist, uns ans Ziel unseres Lebens zu bringen, uns mit Gott zu vereinigen, ist ein spiritueller Meister, Gottgesandter oder Gottmensch.
Da dies eine Wissenschaft ist, die vom Geist oder der Seele praktiziert wird, brauchen wir einen solchen Lehrer, der die Seele auf ihrer spirituellen Reise begleiten kann. Er führt uns, indem er unablässig mit der Seele ist; sein Wissen und seine Erfahrung sind von unschätzbarer Bedeutung für den Sucher, der ohne diese Führung völlig hilflos auf dem Pfad wäre. Solche spirituellen Meister haben zu allen Zeiten den wahren Gottsuchern im Innern und im Äußeren ihre Führung gewährt. Wenn wir zu einem solchen Meister kommen, empfinden wir eine Freude und einen Frieden, wie sie uns bis dahin unbekannt waren. Gott hat sich in einem menschlichen Pol manifestiert, der als Gottmensch zu uns kommt. Der absolute Gott ist gestaltlos, aber als Er sich zum Ausdruck brachte, offenbarte Er sich in Form von Licht und Ton. Dieser leuchtende Ton oder das tönende Licht wird in der Bibel "das Wort" genannt, und es heißt, daß dieses Wort eins mit Gott ist: "Im Anfang war das Wort, und das Wort war bei Gott, und Gott war das Wort." (Joh.1,1) Das Wort ist die Offenbarung Gottes in der Form des Tonstroms, und wenn diese Gotteskraft durch einen menschlichen Pol wirkt, dann sagen wir: "Das Wort ward Fleisch*

und wohnte unter uns." (Joh. 1,14) Das Wort personifiziert sich und lebt als gewöhnlicher Mensch unter Menschen. Durch den Tonstrom ist er jeden Augenblick mit Gott verbunden; jede seiner Handlungen wird von Gott geleitet, oder wir können auch sagen, Gott wirkt durch ihn. Deshalb sagt er: *"Ich und der Vater sind eins."* (Joh. 10,30)

Ein solcher Gottmensch führt uns zu Gott. Es gibt nur einen Pfad, der zur Offenbarung Gottes führt, und wir können ihn nur finden, wenn wir uns einer solchen Persönlichkeit anvertrauen.

Unsere Seele ist unsterblich, aber indem sie unablässig in einen Körper eingeschlossen wird (geboren wird) und den Körper wieder verläßt (stirbt), sind wir in der Vorstellung befangen, die Seele wechselte ihre Gestalt. Gott allein ist die Wahrheit - vollkommen und unwandelbar, und die Seele kann nur dann ihre eigentliche Unsterblichkeit wiedergewinnen, wenn sie zu Gott zurückkehrt, denn erst dann wird sie vom Kreislauf der Wiedergeburten befreit. Der Gottmensch kann uns das wahre Leben geben. Daher hat Jesus Christus gesagt: *"Ich bin der Weg und die Wahrheit und das Leben; niemand kommt zum Vater denn durch mich."* (Joh. 14,6)

Gott wohnt neben unserer Seele in diesem Körper. Wir können Ihn nur im Geist, das heißt mit der Seele, erkennen. Gott und die Seele wohnen nebeneinander im Körper, aber die Seele konnte sich nicht mit Gott verbinden, da sie an das Gemüt gebunden ist, welches seinerseits ständig durch die Sinne hinausströmt. Der Weg der Gotterkenntnis besteht deshalb darin, unsere Aufmerksamkeit von außen nach innen zu wenden. Daher heißt es: *"Klopfet an, so wird euch aufgetan."* (Luk. 11.9) Das heißt, wir müssen an die Tür klopfen, die nach innen führt. Wenn wir diesen inneren Pfad aufnehmen, dann haben wir eine Offenbarung von Gott in der Form von Licht und Ton: Der spirituelle Meister, durch dessen menschlichen Pol die Gotteskraft wirkt,

offenbart uns Gott in Form von Licht und Ton,
und der Schüler erfährt im Innern mit aller
Deutlichkeit und über allen Zweifel erhaben, daß
jenes Wort eins ist mit dem Pol des Gottmenschen, der es offenbart. Nur wenn wir einen
solchen Meister-Heiligen finden, können wir die
Erlösung erlangen. Aus diesem Grund haben zu
allen Zeiten Ergebene ihren Meister als den
Erlöser gerühmt. So bezeugt Guru Nanak, der
große Sikh-Heilige:

"Die Vereinigung mit dem Herrn ist das Geschenk eines vollendeten Meisters. Mir ist
für immer vergeben; frei und unbegrenzt erhebe ich mich nun."

Und der große persische Mystiker Shamas Tabrez
verkündet:

"Die Gabe des Meisters ist ewig. Sie bringt
die erlösende Gnade für den, der sie empfängt.
Der Tonstrom des Meisters ist der hohe Gebieter! Der Meister ist kein anderer als Gott."

Derselbe Gedanke findet schließlich auch in der
Bibel Ausdruck:

"Und danksaget dem Vater, der uns tüchtig
gemacht hat zu dem Erbteil der Heiligen im
Licht;
welcher uns errettet hat von der Obrigkeit
der Finsternis und hat uns versetzt in das
Reich seines lieben Sohnes...welcher ist das
Ebenbild des unsichtbaren Gottes, der Erstgeborene vor allen Kreaturen...In welchem
verborgen liegen alle Schätze der Weisheit
und der Erkenntnis...
Denn durch ihn ist alles geschaffen, was im
Himmel und auf Erden ist, das Sichtbare und
Unsichtbare...
Denn in ihm wohnt die ganze Fülle der Gottheit leibhaftig." (Kol. 1-2)

Im vorliegenden Buch werden viele Fragen erörtert, die den praktischen Pfad der Gotterkenntnis betreffen, und daher mag diese Sammlung
wahren Gottsuchern von Hilfe sein. Wenn sie
ihnen auch nur von geringstem Nutzen dabei

sein kann, den rechten Pfad zu finden und das Ziel des Lebens zu verwirklichen, dann ist ihr Zweck erfüllt.

Soami Divyanand

II

Vorträge des Meisters

Der Zweck des menschlichen Lebens

Brüder und Schwestern,

Religion ist die Wissenschaft von der Seele. Sie gründet sich weder auf Vermutungen noch auf Vorstellungen. Es ist eine praktische Wissenschaft. Manchmal meinen wir, sie beruhe auf blindem Glauben, aber mein Meister lehrte immer den Grundsatz, daß es eine praktische Wissenschaft ist. Wenn wir von Wissenschaft sprechen, dann erwarten wir, daß wir unsere Hypothesen am Ergebnis überprüfen können. Wenn wir zum Beispiel von der Voraussetzung ausgehen, daß Sauerstoff und Wasserstoff zusammen Wasser ergeben, dann können wir dies durch das Experiment beweisen, indem wir tatsächlich Wasser herstellen. Genauso können wir auch in der Religion den praktischen Beweis erhalten. Wenn es jemanden gibt, der Gott gesehen hat, dann können auch wir Ihn sehen.
Die Frage ist also: Können wir Gott erkennen? Und welchen Sinn hat es, Gott zu erkennen? Am Anfang brachte sich Gott als Licht und Ton zum Ausdruck. Dies wurde in allen heiligen Schriften erklärt. In unserer Hindu-Religion wird Gott als *prago* bezeichnet. Das bedeutet 'Licht'.
Und es wird erklärt, daß wir nicht wiedergeboren werden müssen, wenn wir mit diesem Licht in Verbindung kommen. Die Mohammedaner nennen

es *nur-elahi; nur* bedeutet 'Licht' und *elahi* heißt 'Gott'. So steht auch in der Bibel, daß man das Licht Gottes sehen wird, wenn man die Tore des Tempels schließt. Es wird erklärt, daß der menschliche Körper der Tempel Gottes ist. Wenn wir die Körpertore - die Augen, Ohren usw. - schließen, dann können wir Gott in Form von Licht sehen. Auch Buddha sagte, daß Gott Licht sei: Und er brachte sich auch als Ton zum Ausdruck. In den Schriften der Hindus wird von *nad-brahma-nad* gesprochen, was 'Ton' bedeutet. Die Mohammedaner nennen es *bang-i-asmani,* das heißt 'der Ton aus dem Jenseits'. So steht auch in der Bibel, daß Gott am Anfang war und die Welt erschuf. Im Neuen Testament heißt es dazu: "Am Anfang war das Wort...Alle Dinge sind durch dasselbe gemacht." (Joh. 1,1) Was ist 'das Wort'? Das Wort ist der Ausdruck Gottes im Ton. Dasselbe wird auch in anderen Religionen beschrieben. Da Gott sich in Licht und Ton offenbarte, sind wir in der Lage, Ihn zu erkennen. Wenn Gott absolut wäre, könnten wir Ihn nicht erkennen. In dieser Ausdrucksform haben wir Gott erkannt. Zu allen Zeiten hat es Seelen gegeben, denen sich Gott offenbarte. Als Guru Nanak gefragt wurde, ob er Gott gesehen hätte, sagte er: "Ich sehe Ihn, und auch ihr könnt Ihn sehen." Und auch Christus forderte dazu auf, den Herrn zu sehen. Nun stellt sich die Frage, wie wir den Herrn sehen können. Seine Antwort war: "Der Sohn kennet den Vater und wem es der Sohn will offenbaren." (Matth. 11,27) Dasselbe wurde auch in anderen Religionen erklärt. Im 19. Jahrhundert lebte in Indien ein berühmter Heiliger - Ramakrishna Paramhansa. Zu diesem kam eines Tages ein Gelehrter. Seine erste Frage war: "Hast du Gott gesehen?" Bis dahin hatte jeder, dem er diese Frage stellte, verneint. Von Ramakrishna aber erhielt er eine andere Antwort. Er sagte: "Ich sehe Ihn so, wie ich dich sehe, nur noch deutlicher. Und wenn du

willst, kann Gott auch dir enthüllt werden."
Es gibt eine sehr einfache Regel: Wer kann Gott offenbaren? - Nur wer Ihn selbst erkannt hat. Nochmals müssen wir fragen, welchen Sinn es hat, Gott zu erkennen. Wenn unsere Seele mit Gott verbunden ist, dann nimmt sie dieses Licht und diesen Ton in sich auf, und die Eindrücke der Handlungen werden ausgelöscht. Gott in der Form von Licht und Ton ist Nahrung für unsere Seele. Aus diesem Grund hat Christus gesagt: "Ich bin das Brot des Lebens." (Joh. 6,35) Gott in Form von Licht und Ton ist das Brot unseres Lebens. Christus ist die Kraft in der Ausdrucksform von Licht und Ton, und wenn wir von der Christuskraft sprechen, dann meinen wir die Offenbarung oder Ausdrucksform Gottes. Die Gotteskraft brachte sich in einem Pol zum Ausdruck, durch den sie wirkt. Wie in der Elektrizität gibt es im Universum zwei Kräfte - die negative und die positive Kraft, die trotz ihrer Polarität letztlich beide Manifestationen des Absoluten Gottes sind. Die negative Kraft (Kal Purush) wirkt durch den menschlichen Pol eines Avatars, der die Aufgabe hat, die Welt in Gang zu halten, indem er die Seelen im unablässigen Kreislauf der Geburten und Tode gefangen hält, während sich die positive Kraft (Dayal Purush) in einem Meisterheiligen oder Sant Satguru manifestiert - dem positiven Pol, der die Seelen wieder mit Gott verbindet und sie aus dem Bannkreis der Wiedergeburt befreit.
Das wird in der Bibel beschrieben: "Das Wort ward Fleisch und wohnte unter uns." (Joh. 1,14) Dies bedeutet, daß sich Gott in einem Pol offenbarte - einem menschlichen Pol - und in unserer Mitte lebte. Im Guru Granth Sahib heißt es dazu: "Mein Gott ist sehr weise. Er ist Gott, aber Er hat sich in einem menschlichen Pol offenbart, und so nennen wir Ihn einen Menschen." Wenn solche Persönlichkeiten in der Welt leben, die Gott verwirklicht haben, dann können wir durch ihre Initiation und unter ihrer Führung Gott

erkennen. Nun erhebt sich aber die Frage, wie wir erkennen können, ob jemand eine solche göttliche Seele ist und welche Zeichen es an ihm gibt, die das bezeugen. In den heiligen Schriften wird erklärt, daß wir ihn nicht erkennen können, weil er keine besonderen Merkmale an sich hat. Der einzige Maßstab ist, daß er Gott verwirklicht hat und Ihn uns offenbaren kann. Es wird gesagt, daß er keinerlei äußerliche Merkmale an sich trägt. Auf welche Weise können wir ihn dann herausfinden? Ich will drei Beispiele aus der Geschichte der Heiligen anführen, aus denen hervorgeht, wie man den vollendeten Meister finden kann.

Da gab es den jungen Jaimal Singh, der ein starkes Verlangen nach Gotterkenntnis hatte und der daher alles daran setzte, den vollendeten Meister zu finden. Zwölf Jahre lang suchte er nach dem Meister und ging in die Wälder und die Berge – aber alles war umsonst. Schließlich traf er einen Mann, der ihm sagte, daß ein solcher Mensch in Agra wohne. Jaimal schrieb sich die Adresse auf und ging nach Agra. Aber auf dem Weg dorthin verlor er die Adresse. Agra ist eine große Stadt, und so war es Jaimal Singh unmöglich, den Meister dort zu finden. Als er nun keinen Ausweg mehr sah, setzte er sich eines Tages ans Flußufer und betete. Es dauerte nicht lange, da kamen zwei Männer vorbei, die von einem vollendeten Meister sprachen. Sie sagten, Soamiji habe gerade einen sehr klaren Vortrag gehalten. Jaimal Singh erkundigte sich bei ihnen nach diesem Meister und machte sich sofort auf den Weg dorthin. Als er schließlich zum Meister kam, stellte er ihm viele Fragen, bis er am Ende überzeugt war und die Initiation erhielt. Eines macht dieses Beispiel deutlich: Obwohl er zwölf Jahre lang suchte, konnte er dennoch nicht den Meister finden. Der Meister selbst mußte ihn zu sich führen und ihn davon überzeugen, daß er der vollendete Meister war. Nur so konnte er festen Glauben erlangen.

Das zweite Beispiel bezieht sich auf Sawan Singh (1858-1948). Er war als Militäringenieur in den Bergen beschäftigt. Eines Tages überwachte er dort ein Bauprojekt. Baba Jaimal Singh, der vollkommene Meister der Zeit, kam mit seiner Begleiterin Bibi Lajo dorthin. Der Meister sagte zu ihr: "Sieh, ich bin hierher gekommen, um diesen Mann anzunehmen." Sie fragte ihn: "Als was wollt Ihr ihn annehmen?" Und Jaimal Singh antwortete: "Ich werde ihm die Initiation geben und ihn einmal zu meinem Nachfolger machen." Bibi entgegnete: "Ihr wollt ihn also initiieren und zu Eurem Nachfolger machen. Aber er hat Euch nicht einmal begrüßt!" Der Meister erwiderte: "Ich weiß, daß er mein Schüler sein wird. Aber er weiß nicht, daß ich sein Meister bin. Wie konnte er mich da begrüßen? Er wird in vier Tagen kommen und dann die Initiation erhalten." Vier Tage später kam Sawan Singh tatsächlich; und nachdem er viele Fragen vorgebracht hatte, war er schließlich zufriedengestellt und erhielt die Initiation. Dieses Beispiel macht deutlich, daß der Meister kommen muß, um den Schüler zu finden. Als Christus gefragt wurde, was seine Aufgabe sei, antwortete er: "Der Hirte ist gekommen, um die Schafe einzusammeln."
Und nun möchte ich noch ein drittes Beispiel anführen: Es gehört zur Lebensgeschichte meines Meisters Kirpal Singh. Als er seine Ausbildung abgeschlossen hatte, stellte er sich die Frage, was er zu seinem Lebensziel machen wollte, und er dachte sieben Tage lang darüber nach. Dann stand für ihn fest: Das Ziel des Lebens lag darin, Gott zu erkennen. "Gott zuerst, dann die Welt." So hatte er also entschieden, daß dies das Ziel seines Lebens war, und er ging schlafen. Als er im Bett lag, dachte er: "Nun sind vierundzwanzig Stunden vergangen, ohne daß ich etwas für mein Ziel getan habe." So begann er zu weinen, und er weinte die ganze Nacht hindurch. In diesem Zustand befand er sich zwei oder drei Tage lang. Dann sammelte sich seine Seele

und hatte die Vision eines Mannes im Innern und war zufriedengestellt.
Eines Tages ging er am Flußufer entlang, und ein Mann fragte ihn: "Wohin gehen Sie? Wollen Sie zu dem vollkommenen Meister?" Kirpal Singh antwortete:"Ich weiß nichts von einem vollkommenen Meister. Ich mache nur einen Spaziergang. Aber wenn es hier einen vollkommenen Meister gibt, dann möchte ich ihn gerne sehen."
Als er dem Flußufer folgte, sah er bald einen Mann dort sitzen, und als er näher kam, erkannte er, daß es derselbe Mann war, den er sieben Jahre lang im Innern gesehen hatte. Da gab es also keine Fragen. Er verneigte sich zu den Füßen des Meisters und stellte nur die eine Frage: "Warum habt Ihr so lange gewartet, bis Ihr mich zu Euren Füßen brachtet?" Der Meister antwortete:"Dies war der rechte Augenblick."
Ich habe drei Beispiele aus der Geschichte erzählt. Eines wird aus allen drei Beispielen deutlich: Wir können nicht den vollkommenen Meister suchen. Nur durch Gottes Gnade können wir ihm begegnen. Wenn das also nicht in unserer Macht liegt, fragt es sich, was wir dann tun können. Wir können nichts weiter tun als beten, und wenn der rechte Zeitpunkt gekommen ist, werden wir dem vollendeten Meister begegnen. Das hängt von unseren früheren Handlungen ab. Wenn wir dann mit einem solchen Meister in Verbindung kommen, wird er uns initiieren und uns Gott erfahren lassen. Eines sollte ganz klar sein: Religion bedeutet nicht, Bücher zu lesen, sondern sie ist eine praktische Wissenschaft. Mein Meister sagte oft: "Wo die Philosophien der Welt enden, da beginnt Religion." Es ist nur mit der Hilfe vollkommener Meister möglich, Gott zu erkennen. Solange wir Gott nicht erkannt haben, sind wir nicht wirklich der Religion gefolgt. Es gibt die verschiedenen Gemeinschaften – das Christentum, den Islam, den Hinduismus, und sie sollten alle dem Zweck

dienen, Gott zu erkennen. Mein Meister hat das folgendermaßen erklärt: Nehmen wir an, eine Schule hat einen qualifizierten Lehrkörper, schöne Klassenzimmer sowie Spielplätze und andere Einrichtungen, aber kein Schüler besteht die Abschlußprüfung. Wird man eine solche Schule etwa loben? Das gleiche gilt für die Schulen oder Gemeinschaften, in denen wir uns mit der Religion beschäftigen. Erst wenn wir Gott erkennen, können wir sagen, daß wir der Religion folgen. Denn es heißt, wo die Philosophien der Welt enden, da beginnt die Religion. Bücher zu lesen vermittelt Wissen. Und wenn wir dieses Wissen in die Praxis umsetzen, dann kann man das Religion nennen. Die heiligen Schriften sind gut. Manche Leute sagen, die Schriften irrten sich. Die Bücher sind in Ordnung. Der Fehler liegt bei uns, wenn wir nicht nach ihnen leben. Wie können wir befolgen, was in den Büchern steht? Aus eigener Kraft ist es uns nicht möglich. Denn wir verstehen die Lehren oft gar nicht und legen sie falsch aus. Ich will das näher erläutern:
Einmal kam ein Herr zu mir und sagte: "Ich habe gehört, daß Sie die Bedeutung der Konzentration und Meditation hervorheben. Aber ich finde, daß das kein guter Weg ist." Ich fragte ihn nach den Gründen. Er erklärte, er habe Kopfschmerzen und andere Beschwerden gehabt, wenn er zur Meditation saß. Ich fragte ihn, wer sein Meister sei, und er erwiderte: "Ich brauche keinen Meister, es steht alles in den Schriften, und ich praktiziere danach. Konzentration und Meditation sind eine einfache Sache. Wozu braucht man da einen Meister?" Ich fragte ihn: "Nun sagen Sie mir bitte, wie Sie sich konzentriert haben." Er sagte: "Ich habe mich auf den Punkt konzentriert, wo die Nase beginnt." Ich fragte ihn, wo dieser Punkt sei, und er zeigte auf die Nasenspitze und sagte: "Das ist der Punkt." Ich erklärte ihm, daß er im Irrtum sei, da die Nase an der Nasenwurzel beginne. – Was in den Büchern steht, ist richtig, aber weil wir sie

falsch auslegen, können wir uns nicht gut konzentrieren. So kann es also sein, daß wir die Schriften nicht verstehen.

Das Zweite ist, daß wir meist zu sehr mit den weltlichen Dingen beschäftigt sind. Alles, was wir tun, hinterläßt einen Eindruck in unserem Gemüt und unserer Seele. Und wir handeln jeden Tag tausen und abertausend Mal und behalten davon Eindrücke zurück. Wenn wir dann zur Meditation sitzen, kommen all diese Eindrücke an die Oberfläche und lenken uns ab. Wir sind dadurch nicht fähig, uns zu konzentrieren. Wenn nun ein spiritueller Meister da ist, dann verbindet er uns mit seiner Seele, wodurch wir fähig werden, uns zu konzentrieren. Solange wir keine Verbindung mit Licht und Ton haben, suchen wir Gott in der Welt. Wir sind nicht überzeugt von dem, was die Bücher erklären. In den Schriften steht, daß Gott in uns ist, aber wir sagen: "Das mag in Ordnung sein, aber wir können Ihn da nicht finden." Dieser Irrtum ist weit verbreitet. Ich möchte dafür ein Beispiel geben: Eine alte Frau war dabei, ein Kleid zu nähen. Die Nadel fiel ihr aus der Hand, und sie begann das Haus danach abzusuchen. Es war dunkel im Haus, und sie hatte große Mühe. Nirgends konnte sie die Nadel finden. Draußen auf der Straße war es hell, und sie ging hinaus, um dort weiterzusuchen. Ein Junge kam vorbei und fragte sie: "Mütterchen, wonach suchst du?" Die Frau erklärte: "Ich suche meine Nadel, die ich verloren habe." Der Junge fragte sie: "Was hast du denn mit der Nadel gemacht?" "Ich habe mein Kleid genäht." Und der Junge fragte weiter: "Hast du das Kleid denn auf der Straße genäht?" Sie antwortete: "Nein, nein, ich habe es im Haus genäht." Und darauf fragte er: "Wenn du im Haus genäht hast, warum suchst du dann hier draußen nach der Nadel? Sie muß im Haus sein." Sie entgegnete: "Im Haus war es dunkel, und daher konnte ich sie dort nicht finden. Hier dagegen ist es hell, und deshalb suche ich sie

hier." – Beschreibt das nicht unsere Lage? Genauso ist Gott in uns, aber wir gehen hierhin und dorthin, um Ihn in der Welt zu finden. Wir suchen Gott durch äußere Methoden zu verehren, obwohl in der Bibel steht, daß man Gott nicht mit den Händen anbeten kann, sondern im Geist. (vgl. Luk. 17,20-21 und Joh. 4,23-24) Aber wir handeln das ganze Leben lang nur im Bereich des physischen Körpers. Es ist eine unumstößliche Tatsache, daß Religion die Vereinigung der Seele mit Gott ist. Alles andere, wie das Lesen der Schriften, dient nur dem Zweck, Wissen zu erwerben. Es stellt sich die Frage, warum wir in die Irre gehen, obwohl alles in den heiligen Büchern steht. Der Grund dafür ist, daß wir keinen vollkommenen Meister haben und uns statt dessen auf Menschen verlassen, die selbst den falschen Weg gehen. Wir haben Gemeinschaften gegründet, die sich gegeneinander behaupten wollen. Indem wir diese Gemeinschaft aufrechterhalten, sind wir das ganze Leben gleichsam damit beschäftigt, das Schulgebäude zu errichten und zu erhalten, worüber wir das Ziel der Schule vergessen. So sollten wir nie vergessen, daß nur die Vereinigung der Seele mit Gott wahrhaft Religion ist. Dies ist nur mit der Hilfe des vollkommenen Meisters zu erreichen. Alle, die Gott erkannten, haben das erklärt.
Die nächste Frage ist, welchen Vorteil es hat, Gott zu erkennen. In der Bibel steht: "Wenn dein Auge einfältig ist, so wird dein ganzer Leib licht sein." (Matth. 6,22) Wo befindet sich dieses Einzelauge oder Dritte Auge? Es liegt zwischen den Augenbrauen in der Stirn. Wenn wir die äußeren Augen schließen und die Aufmerksamkeit nach innen richten, dann erlangen wir mit der Hilfe des vollendeten Meisters die innere Schau. Und wenn unsere Seele mit Licht und Ton verbunden ist, dann ist sie nie wieder von diesem Licht und Ton getrennt. Im *Guru Granth Sahib* steht: "Wer immer einen vollendeten Meister hat,

lebt in der Gegenwart des heiligen Tons." Um mit dem heiligen Ton verbunden zu werden, ist es unerläßlich, einen vollendeten Meister zu haben. Und wie ich am Anfang erklärt habe, ist Spiritualität eine Wissenschaft. Um auf naturwissenschaftlichem Gebiet ein Experiment durchzuführen, sind zwei Dinge notwendig: Erstens ein Labor, das uns mit seinen Geräten zur Verfügung steht; zweitens die Anleitung eines Lehrers. Wenn wir einen von Gott beauftragten Meister haben und von ihm initiiert werden, dann ist die zweite Voraussetzung erfüllt. Und die dritte Voraussetzung ist, daß wir das Experiment durchführen. Wenn wir einen solchen Meister haben, aber nicht das Experiment durchführen, dann können wir zu keinem Ergebnis gelangen. Daher heißt es in der Bibel: "So ihr mich liebt, haltet meine Gebote." (Joh. 14,15) Christus zu lieben heißt, Gott zu lieben, denn er ist der Sohn Gottes. Er sagte: "Ich und der Vater sind eins." (Joh. 10,30) So ist es also dasselbe, ob wir sagen, daß wir Christus lieben oder daß wir Gott lieben. Wenn wir Liebe zu Gott haben und Ihn sehen wollen, dann sollten wir die Gebote des Meisters befolgen. Worin bestehen diese Gebote? Wir sollten alles für unsere spirituelle Entfaltung tun. Wenn wir auf diesem Pfad fortschreiten, dann sind wir immer in Verbindung mit dem Licht und dem Ton, in welchen sich Gott offenbart, und die Seele nimmt beides in sich auf. Dadurch werden alle Eindrücke der vergangenen Handlungen ausgelöscht. Wenn diese Eindrücke getilgt sind, hat die Seele in dieser Welt keine Bindungen mehr, und sie ist dann für immer bei Gott. Es ist so wie mit einem Ballon, den man mit Halteleinen am Boden festmacht. Wenn man diese Halteleinen kappt, wird der Ballon hoch aufsteigen. Genauso sind wir nicht mehr an diesen Körper gebunden, wenn alle Eindrücke ausgelöscht sind. Dann sind wir für immer bei Gott. Das nennt man Erlösung. Das ist das Ziel des Lebens. Wenn wir dieses Ziel erreichen, dann haben wir die Religion verwirklicht. Denn Christus hat gesagt, daß es an uns selbst liegt, Gott zu begegnen. (Vgl. Matth. 5,2-8 und Matth. 5,48) Warum sind wir in diesem menschlichen Körper? - Nur um Gott zu finden. So können wir also mit der Hilfe des von Gott beauftragten Meisters das Ziel des Lebens erreichen. Nur in diesem menschlichen Körper können wir Gott erkennen und deshalb wird er als 'Krone der Schöpfung' bezeichnet. Wir haben diesen menschlichen Körper, was ein großer Segen ist. Wenn wir aber nicht den Zweck erfüllen, der ihn zur Krone der Schöpfung erhebt, dann haben wir ihn vergeblich bekommen. Mein Meister sagte dazu: "Es ist ein Segen, in diesem Körper zu sein. Aber wenn wir an ihn gebunden sind und nicht Gott erkennen, dann ist er nutzlos."

Ich habe also dargelegt, daß es das Ziel des menschlichen Lebens ist, Gott zu erkennen. Wenn wir unter der Führung des vollendeten Meisters stehen, dann können wir Gott erkennen. Und wenn wir seine Gebote halten, werden die Eindrücke der Handlungen ausgelöscht, und wir erlangen die Erlösung.

Spiritualität – die Wissenschaft des Geistes

So oft haben wir in den heiligen Schriften über die Gotterkenntnis gelesen, aber wir sind nicht in der Lage, diese Erkenntis selbst zu erlangen. Heute sagen die religiösen Führer oft, daß dies gar nicht möglich sei. Wenn wir sagen, daß es nicht möglich ist, Gott zu finden, welchen Sinn hat es dann, sich einer Religion anzuschließen? – Es fragt sich, warum es zu diesem Zustand gekommen ist. Es liegt nur daran, daß wir unser Ziel vergessen haben. Wir haben nicht den Wunsch, unser Ziel zu erreichen, weil wir es ganz aus den Augen verloren haben. Wir schließen uns einer Religion an, verlieren uns aber in anderen Aktivitäten und vergessen darüber ganz den Zweck, für den wir uns der Religion zuwandten. Wenn wir ein leidenschaftliches Verlangen nach unserem Ziel hätten, dann würden wir uns darum bemühen. Wenn wir aber das Ziel vergessen, was können wir dann erreichen?
Wenn wir ein starkes Verlangen danach haben, Gott zu begegnen, dann wird sich ein Weg finden. Wo ein Wille ist, da ist ein Weg. Und es heißt: "Klopfet an, so wird euch aufgetan." Aber wir klopfen weder an, noch haben wir diesen Willen. Wenn beispielsweise unser Sohn fort ist und wir ihn heute abend zurückerwarten, er aber nicht kommt, so warten wir unge-

duldig auf ihn und können die ganze Nacht nicht
schlafen. So viele Nächte sind vergangen, ohne
daß wir Gott begegnet sind. Nie haben wir um
Seinetwillen schlaflose Nächte gehabt. Wie können
wir dann behaupten, wir sehnten uns nach Gott?
Wir haben diesen Wunsch nicht, weil wir uns
fortwährend mit weltlichen Dingen beschäftigen.
Wenn wir auf dem Pfad Fortschritte machen
wollen, dann müssen wir als erstes das feste
Ziel und den Wunsch haben, Gott zu finden. Wir
sehen, daß die Heiligen Menschen sind, soweit
es die äußere Erscheinung betrifft: Sie essen,
schlafen und tun auch sonst dasselbe wie wir. Es
gibt jedoch einen grundlegenden Unterschied
zwischen den Heiligen und uns: Ihre ganze
Leidenschaft gilt Gott, während wir an die
weltlichen Dinge gebunden sind. Nur wenn wir
uns entscheiden und unsere Aufmerksamkeit
Gott zuwenden, dann und nur dann können wir
Gott finden. Die Grundvoraussetzung dafür ist,
daß wir an unserem Ziel festhalten. Wir müssen
unser Lebensziel klar vor Augen haben, und
das Ziel des Lebens ist es, Gott zu finden. Wenn
wir uns für ein Ziel entschieden haben, dann
dürfen wir keine Mühe scheuen, um es zu erreichen. Mein Meister sagte: "Was ein Mensch
getan hat, kann auch ein anderer tun, natürlich mit der notwendigen Anstrengung und der
rechten Führung."
Aber bedauerlicherweise bemühen wir uns nicht
genügend darum. In Indien kommt es häufig
vor, daß jemand, der sagt, er wolle sich
der Religion widmen, zur Antwort bekommt, Religion sei eine Sache für alte Leute. Ich weiß
nicht, wie das hier ist, aber als ich gestern
mit einem religiösen Oberhaupt sprach, klagte
der Herr darüber, daß die Jugend so wenig an
der Religion interessiert sei. Und auch in Indien
sprach ich mit einem Herrn, der sagte, man
könne sich der Religion ja im Alter widmen.
So hielt ich ihm entgegen: "Sind Sie sicher,
daß Sie dieses Alter erreichen? Ich bin mir nicht

einmal eines einzigen Jahres sicher, können Sie sich dann der nächsten vierzig, fünfzig oder sechzig Jahre sicher sein? Zeigen Sie mir die Garantie dafür." Und noch etwas fragte ich ihn: "Sie sagen, daß die Religion Ihr Lebensziel sei. Wie kommt es dann, daß Sie dieses Ziel aufschieben und statt dessen andere Dinge tun, die nicht notwendig sind? Sie sagen, daß Sie sich im Alter darum kümmern werden." Und der Herr gab zu, daß wir im Alter nicht so stark und tatkräftig sind wie in der Jugend. In Wahrheit sind wir nur nicht bereit, für unser Ziel die nötigen Anstrengungen zu machen.
Und es gibt noch einen weiteren Grund, warum wir nicht das nötige Interesse daran zeigen: Wenn wir jemanden fragen, wie wir Gott finden können, dann werden uns oft Ratschläge erteilt, ohne daß derjenige selbst je Gott gesehen hätte. Wir gehen zu den religiösen Führern, und sie sagen uns: "Mach dir keine Gedanken, es gibt Gott." Aber wenn sie selbst in Schwierigkeiten sind, dann machen sie sich Sorgen und fragen: "Wo ist Gott?" Wie kann man sich solchen Menschen anvertrauen? – Es liegt nur daran, daß sie Gott nicht erkannt haben, und deshalb hat Christus gesagt, daß der Sohn den Vater kennt und daß er Ihn offenbaren kann. Wer kann Gott offenbaren? Nur wer ihn selbst gesehen hat. Nur der kann uns zu Gott bringen, der selbst zu Ihm gelangte. Wir können jedoch beobachten, wie die religiösen Führer Tag und Nacht predigen, selbst aber nicht die geringste Erfahrung von Gott haben. Was sie sagen, beruht nur auf der Lektüre der Schriften. Es kam einmal ein sehr gebildeter Mann zu meinem Meister und predigte mehrere Stunden darüber, was Gott sei. Er sagte, Gott sei Licht, sehr strahlend, sehr beglückend und vieles mehr. Mein Meister stellte ihm nur eine Frage: "Nun, lieber Herr, haben Sie Ihn gesehen?" Und der Mann verstummte. Er konnte nicht ein einziges Wort dazu sagen. Mein Meister aber war so gütig, ihn

zur Meditation sitzen zu lassen, in der er eine Erfahrung davon hatte, was Gott ist. Solange wir keine Erfahrung von Gott haben, können wir kein Verlangen nach Ihm entwicklen. Daran liegt es, daß wir die Religion predigen, aber keinen Einfluß ausüben. Als ich gestern mit einem religiösen Oberhaupt zusammensaß, sagte der Herr, daß ihre Predigten keine Wirkung auf die Offentlichkeit hätten. Ich fragte ihn daraufhin: "Was haben Sie den Leuten zu geben?" Predigen allein reicht nicht aus. Das ist das Entscheidende. Wenn eine Persönlichkeit unter uns ist, die Gott erkannt hat, dann kann sie uns Gott erfahrbar machen und uns dadurch überzeugen. Deshalb heißt es, daß wir nur dann eine praktische Erfahrung haben können, wenn wir einen vollendeten Meister finden. Wenn wir einem solchen Heiligen begegnen, wird er unser Auge öffnen, so daß wir selbst sehen. Dann werden die meisten Schwierigkeiten beseitigt. Wir sind dann von dem Pfad, auf dem wir Gott finden können, überzeugt. Die Bücher können uns dabei nicht helfen. In der Bibel wird klar gesagt, daß wir Gott nicht mit den Händen, sondern nur im Geiste anbeten können. Und wir nennen uns Anhänger Christi! Und was tun wir im Namen Gottes? Wir verehren Ihn mit den Händen, den Lippen, der Zunge, den Augen – durch äußere Handlungen. Solange wir nicht die rechte Richtung einschlagen, ist es nicht möglich, Gott zu sehen.

Die vierte Voraussetzung ist, daß wir unter der Führung eines vollkommenen Meisters stehen. Wenn wir seine Führung haben, seine Anweisungen praktisch befolgen und eine Erfahrung von Licht und Ton haben, dann können wir festen Glauben erlangen.

Deshalb sagte mein Meister: "Wenn ein solcher Heiliger, eine gottverwirklichte Seele kommt, ergießt sich eine Flut von Spiritualität. Aber wenn er von uns geht, verlieren wir uns in äußeren Aktivitäten.

So sind also folgende Voraussetzungen von größter Wichtigkeit:
1. Wir sollten uns für ein Ziel entscheiden. Das Ziel des Lebens ist Gott.
2. Wir sollten die erforderliche Bemühung einsetzen, um Gott zu erreichen.
3. Wir sollten unser Bemühen in die rechte Richtung lenken.
4. Wir müssen eine praktische Erfahrung unter der Führung eines vollendeten Meisters erhalten.- Das ist die letzte, aber keinesfalls unwichtigste Voraussetzung. Wenn wir die praktische Erfahrung haben, dann sind wir fest überzeugt, daß wir uns auf dem rechten Weg befinden. Wir irren uns, wenn wir glauben, wir könnten Gott mit dem physischen Körper auf der physischen Ebene erkennen, denn Er ist nicht Materie, sondern Geist. Daher können wir Ihn nur auf der Ebene des Geistes erkennen.

Ich habe daran erinnert, daß mein Meister immer sagte: "Die Spiritualität ist eine Wissenschaft. Sie beruht weder auf Vorstellungen, noch auf Schlußfolgerungen."

Wenn diese Bedingungen erfüllt sind, dann ist als nächstes wichtig, daß wir Empfänglichkeit entwickeln. Wir sollten die Gebote des Meisters befolgen. Wie können wir seine Gebote halten? Nur wenn wir fest daran glauben, daß er der von Gott beauftragte Meister ist, und uns ihm ergeben. Wenn wir jedoch auf der Ebene des Verstandes von ihm überzeugt sein wollen, können wir nicht an ihn glauben. Denn der Verstand und das Gemüt sind an die materielle Welt gebunden. Wenn wir uns also von ihnen abhängig machen, dann führen sie uns in ihre eigene Richtung. Daher wird im Gurbani erklärt: "Ergib dich mit Körper, Verstand und allem, was dir gehört, dem Meister. Laß nicht einmal deinen Verstand dazwischentreten. Nur dann kannst du Gott erkennen."

Nun mag sich die Frage erheben, ob dies blinder

Glaube sei. Wird uns geraten, dem Meister blind zu gehorchen? Nein, keineswegs. Denn es heißt auch: Ich glaube nur, was ich mit eigenen Augen gesehen habe. Solange ich nicht mit eigenen Augen gesehen habe, werde ich nicht einmal dem Meister glauben, obwohl vom Meister manchmal gesagt wird, daß er sogar über Gott steht. Ein Heiliger hat einmal gesagt: "Wenn Gott und der Meister vor mir stünden, ich fiele meinem Meister zu Füßen und nicht Gott. Denn er hat mich Gott erkennen lassen." Dies kann natürlich nie der Fall sein. Gott war schon immer in uns, doch zwei Milliarden Jahre sind vergangen, ohne daß wir Ihn sehen konnten. Aber als wir dem Meister begegneten, offenbarte er Ihn uns. Und trotzdem wurde gesagt, daß wir ihm nicht glauben sollten, bevor wir nicht mit eigenen Augen gesehen haben. So ist die Wissenschaft der Seele nicht auf blinden Glauben begründet. Wenn wir jedoch erst einmal überzeugt sind, daß dies der richtige Weg ist, dann sollten wir uns zu den Füßen des Meisters ergeben. Wenn wir hingegen nach unserem eigenem Willen handeln, werden wir uns in weltlichen Dingen verlieren. Nun fragt sich, wie wir uns zu den Füßen des Meisters ergeben können. Manchmal ist der Meister in physischer Gestalt bei uns und manchmal nicht. Und trotzdem - es kann sein, daß er physisch bei uns ist und wir daraus dennoch keinen Nutzen ziehen. Wie können wir ihm in einem solchen Fall ergeben sein?

DIES IST DER EINZIGE WEG: WENN WIR SICHER SIND, DASS ER DER VOLLENDETE MEISTER IST, DER HERR VON ALLEM, DANN SOLLTEN WIR UNS NICHT MEHR ERLAUBEN, IRGENDETWAS NACH UNSEREM WILLEN ZU ENTSCHEIDEN!

Wir sollten es der Gnade des Meisters überlassen. Oder wir können auch sagen: "Gottes Wille geschehe." Gott wirkt durch den Meister. Es steht geschrieben: "Das Wort ward Fleisch und wohnte unter uns." Gott brachte sich im Wort, dem transzendenten Licht und Ton, zum Ausdruck,

und das Wort manifestierte sich in einem Pol, den
wir Meister nennen. Es besteht kein Unterschied
zwischen Gott und dem Pol, in dem Er Gestalt
annimmt. Es scheint nur so, als gäbe es einen
Unterschied. Der Unterschied ist nicht anders
als der zwischen Wasser in flüssigem Zustand
und in der Form von Eis. Beides ist dasselbe.
Genauso war Gott, bevor Er sich zum Ausdruck
brachte und Gestalt annahm, der absolute Gott.
Wenn Er in einem Pol Gestalt annimmt, nennen
wir diesen den Meister. Aber zu dieser Erkenntnis
können wir nicht durch Schlußfolgerungen gelangen, da diese letzen Endes dem Irrtum un-
terliegen. Denn wenn wir glauben, daß unser
Meister Gott ist, und wir ihn dann einmal um
Hilfe bitten, diese Hilfe aber ausbleibt, dann
verlieren wir nur allzuleicht das Vertrauen zu
ihm. Die Erkenntnis, daß sich Gott in ihm offenbart, kann nur in der Meditation erreicht werden.
Erst wenn wir ihn im Innern sehen und er uns
auf den inneren Ebenen führt, können wir wissen,
daß er Gott ist. Daher wurde betont, daß wir
uns der Meditation hingeben sollten. Alle äußeren
Methoden und bloßes Reden sind von keinem
Nutzen.

In Indien gibt es eine bekannte Erzählung.
Kabir war ein großer Heiliger. Er hatte Indumati, eine Prinzessin, zur Schülerin. Einmal
bat Indumati ihn eindringlich darum, ihr die
innere Vision von Gott zu gewähren. Der Meister
war so gütig, sie zur Meditation aufzufordern;
als sie sich in die höheren Bereiche erhob, hatte
sie die Vision des Meisters; und die Form des
Meisters, die in der Gestalt Kabirs erschien,
verwandelte sich manchmal in Licht und war
dann wieder Kabir selbst. Und es war ein Ton
da, der sagte: "Wir sind beide eins." In diesem
Zustand hat auch Christus erklärt: "Ich und
mein Vater sind eins." Aber wir glauben ihm
nicht, obwohl wir immer wieder diese Worte
lesen. Erst wenn wir jene Ebenen erreichen
und mit eigenen Augen sehen, können wir es

glauben. Als Indumati aus der Meditation kam, verneigte sie sich zu Füßen des Meisters und sagte: "Ich wußte nicht, daß Ihr Gott seid. Aber etwas verstehe ich nicht. Ich hatte so ein Verlangen nach Gott, und Ihr habt mir nie gesagt, daß Ihr Gott seid." Kabir antwortete: "Wenn ich dir gesagt hätte, daß ich Gott bin, hättest du mir nie geglaubt." Und so ist es immer gewesen. Der Sohn Gottes kam in die Welt und erklärte: "Ich wurde um euretwillen gesandt." Er war unter uns, aber wir haben ihn nicht erkannt. Aus diesem Grunde sagen die Meister, daß Schlußfolgerungen allein nicht helfen werden. Ihr müßt der Meditation Zeit widmen, um den Meister im Innern zu sehen. Wenn ihr auf den Astralebenen die Vision des Meisters habt und mit ihm sprecht, werdet ihr den rechten Glauben erlangen. Dann übernimmt uns der Meister und führt uns durch die inneren Ebenen. Das Gemüt und der Intellekt können uns danach nicht mehr schaden. Wenn wir diese Stufe erreicht haben, werden wir noch in diesem Leben die Erlösung erlangen.

Ich habe euch nun erklärt, wie das Ziel zu erreichen ist. Ich will noch einmal zusammenfassen:

1. Wir müssen entscheiden, welches das Ziel unseres Lebens ist.
2. Wir müssen genügend Anstrengung aufbringen, um dieses Ziel zu erreichen.
3. Unsere Anstrengungen sollten in die rechte Richtung gehen. Das ist nur unter der Führung des vollendeten Meisters möglich.
4. Wir sollten festen Glauben haben und den Meditationen genügend Zeit widmen, um die Vision des Meisters auf den Astralebenen zu haben.

Wenn wir diese Stufe erreichen, werden wir noch in diesem Leben die Erlösung erlangen und nicht immer wieder auf die Welt kommen müssen. Wenn wir das Ziel erreicht haben, sind wir bei Gott. – Das Ziel ist erreicht und die Arbeit

getan.
Ich habe drei Dinge genannt: Zum einen haben wir diesen Körper und können darin Gott erkennen. Als nächstes müssen wir mit dem vollendeten Meister in Verbindung kommen. Und als Drittes habe ich heute ausgeführt, daß man das, was der Meister sagt, befolgen muß. Ich hoffe, ihr seid so klug, das Ziel in diesem Leben zu verwirklichen und es nicht auf weitere Geburten zu verschieben. Denn manchmal geht unser Denken auch in diesem Punkt in die falsche Richtung. Es war einmal ein Mann bei meinem Meister, der fragte ihn: "Wenn wir einmal zu Füßen des Meisters sind, können wir dann sicher sein, daß wir das nächste Mal als Mensch wiedergeboren werden und nicht als Tier?" Der Meister bestätigte das. Darauf sagte der Mann: "Wenn wir auf jeden Fall das nächste Mal als Mensch wiedergeboren werden, dann können wir doch unser Ziel in jenem Leben erreichen, statt in diesem!" Der Meister antwortete: "Du willst also dein Ziel im nächsten Leben erreichen, weil du dann auch einen menschlichen Körper haben wirst. Aber was ist mit diesem Leben? Bist du jetzt nicht auch ein Mensch, oder bist du etwa ein Esel und verschiebst es deshalb auf die nächste Geburt?" Wenn wir die menschliche Geburt erlangt haben und zu Füßen des Meisters sind, sollten wir alle Mühe daran setzen, das Ziel in diesem Leben zu verwirklichen.
Warum sollen wir es aufschieben? Es ist sehr einfach:
> Wenn ihr zu der Überzeugung gelangt seid, daß er der vollendete Meister ist, dann braucht ihr euch nur zu den Füßen des Meisters zu ergeben und ihr erreicht das Ziel.

Ich hoffe, daß ihr so klug seid, das Ziel in diesem Leben zu erreichen, und wünsche euch allen Erfolg.

Sehen
ist Glauben

Die Initiation oder Gottverwirklichung beruht nicht auf Vorstellungen oder Schlußfolgerungen. Gott hat sich in Licht und Ton offenbart, wie es auch in den heiligen Schriften steht, und unsere Seele muß sich damit verbinden. Wenn sie diese Verbindung mit dem Licht und dem Ton einmal erlangt hat, dann bleibt dieser Eindruck immer in der Seele, und ihr Handeln und Denken ändert sich entsprechend. Sie erhält beständig Freude und Frieden. Auch Christus hat das gesagt: "Wenn dein Auge einfältig ist, so wird dein ganzer Leib licht sein." (Matth. 6,22 -23) Wenn unser inneres Auge geöffnet ist und wir das Licht sehen, dann wird auch unser ganzes Leben von Licht erfüllt sein. Gegenwärtig reden wir von der Initiation, wissen jedoch nicht einmal, was die Initiation ist. Initiation bedeutet nicht, die Worte zu wiederholen, sondern sie ist die innere Verbindung mit Licht und Ton. Ich möchte dazu ein Beispiel aus der Zeit von Baba Sawan Singh anführen.
Einmal gab der Meister einer großen Menge die Initiation. Sie fand auf einem abgeschirmten Gelände statt. Nun stand ein Junge draußen und hörte die heiligen Worte.* Ein Mann klagte

---

*) Bei der Initiation gibt der Meister dem Sucher die fünf heiligen Namen, deren Wirkung darin liegt, daß sie mit der

beim Meister, daß ein Junge die fünf Namen gehört habe, während er die Initiation gab. Der Meister antwortete: "Das hat nichts zu sagen. Wenn ein Hund durch ein Baumwollfeld läuft, wird er deswegen noch nicht mit einem Hemd herauskommen." Die Worte zu hören, zu behalten und zu wiederholen, ist noch keine Initiation. Initiation heißt, mit Licht und Ton im Innern verbunden zu werden, was nur durch die Gnade des Meisters erlangt werden kann. Wenn also jemand diese Worte anderen nennt, hat das keine Wirkung.

Es sollte daher gut verstanden werden, daß Initiation nichts mit Vorstellungen oder Vermutungen zu tun hat. Mein Meister erklärte immer: "Wo die Philosophien der Welt enden, da beginnt die Religion." Er meinte damit, daß die Religion erst dann beginnt, wenn wir das Wissen der heiligen Bücher in die Praxis umsetzen. Wenn wir danach leben, dann leben wir nach der Religion. Hier gibt es häufig Mißverständnisse. In Athen kam ein Mann zu mir und fragte mich, was ich von den heiligen Schriften hielte. Ich sagte: "Was die heiligen Schriften erklären, ist richtig. Aber solange Sie nicht mit einem vollendeten Meister in Verbindung kommen, können Sie nicht verstehen, was darin geschrieben steht." Und er fing an zu verbreiten, ich sei gegen die heiligen Schriften. Ich sage nochmals, daß die Bücher recht haben. Nur müssen wir die entsprechende Erfahrung selber machen, um sie verstehen zu können. Denn was steht schließlich in diesen Schriften? – Sie beschreiben die Erfahrung von Menschen, die Gott erkannten. Wie kann das falsch sein? Aber was nützt es, dauernd über die Experimente anderer zu reden, wenn man sie nicht selbst durch-

Meisterkraft aufgeladen sind. Da es also auf die **Kraft** oder Aufladung ankommt und nicht so sehr auf die Worte an sich, haben diese **nur** eine Wirkung, wenn sie von einem vollendeten Meister gegeben werden, durch den die Gotteskraft wirkt; andernfalls nützen sie gar nichts.

führt? Wenn manchmal erklärt wird, daß das Lesen von heiligen Schriften nicht von Hilfe sei, dann bedeutet dies, daß es nichts nützt, *nur* die heiligen Schriften zu lesen, ohne ihre Lehren in die Praxis umzusetzen. *Wir sollten für immer verstehen, daß nur die eigene Erfahrung, die eigene praktische Verwirklichung zählt.* Die Zeit, die wir dafür einsetzen, ist richtig genutzt. Gegen andere Beschäftigungen ist nichts einzuwenden; es mögen gute Taten sein, oder sie mögen euer Wissen erweitern, aber das ist nicht die wahre Anbetung. Versteht bitte, daß nichts der Konzentration und der Meditation gleichkommt. Mein Meister betonte immer: "Laßt hundert Pflichten liegen, um zur Meditation zu sitzen." Denn darin liegt der größte Gewinn für uns, und nur durch die Konzentrationsübungen können wir das rechte Verstehen erlangen. Wenn der Meister uns initiiert, gibt er uns die praktische Erfahrung, und von da an müssen wir selbst damit fortfahren. Manchmal sagen wir: Der Meister wird schon alles tun. Das ist nicht falsch, aber wir müssen selbst den Weg zurücklegen. Wenn wir uns dem Meister ergeben und sagen, daß er alles macht, dann heißt das nur, daß wir den Erfolg unseres Bemühens nicht uns selbst anrechnen. Und es bewahrt uns davor, uns wieder in die weltlichen Dinge zu verlieren, nachdem wir diese Arbeit getan haben. Das Allerwichtigste auf dem spirituellen Pfad aber ist, einen vollendeten Meister zu haben.
Manchmal sind wir in einer schwierigen Lage, wenn unser Meister den physischen Körper verläßt und unser Glaube wankt. Denn wir haben Liebe zu dem physischen Körper des Meisters, und die meisten von uns sind an diesen physischen Körper gebunden und befinden sich daher in einer ausweglosen Situation. Aber denkt daran, daß der Meister nicht der Körper ist! Er *hat* den Körper. Das Wort oder Gott ist in diesem Körper offenbart. Unser Ziel ist es, durch jenen

Körper mit dem Wort in Verbindung zu kommen. Und wenn wir durch ihn das Wort erhalten, dann sind wir natürlich auch dem Körper dankbar. Wenn wir nun zu sehr an den Körper gebunden sind und darüber unser wahres Ziel vergessen, dann sind wir in großen Schwierigkeiten. Daher sind die meisten Schüler in einer schlimmen Lage, wenn der Meister geht. Sie meinen dann immer, sie müßten einen neuen Meister haben. *Es sollte ganz klar sein, daß der Meister Eins ist: Er ist die Meisterkraft oder Christuskraft, die durch den jeweiligen Pol wirkt.* Wenn ein anderer Meister da ist, heißt das nicht, daß es eine andere Kraft ist; die Kraft ist immer dieselbe. Wenn zum Beispiel eine Glühbirne erlischt und man eine neue einschraubt, dann ändert sich nichts am Strom, er ist nach wie vor derselbe. Aber wir glauben irrtümlicherweise, es sei eine andere Kraft, und gehen nun von einem Meister zum anderen, um herauszufinden, welcher jetzt der wahre Meister ist. Aber hat nicht Christus gesagt: "Ich will dich nicht verlassen, noch versäumen bis an der Welt Ende." (Hebr. 13,5) Weshalb sorgen wir uns dann darum, wer der neue Meister ist? Wenn ein solcher da ist, der über dieses Thema spricht, dann kann man von ihm Hilfe bekommen. Wenn ihr Schwierigkeiten mit der Konzentration habt und er euch hilft, dann ist das gut. Er mag euch helfen, aber er tritt nicht an die Stelle eures Meisters. Nur wenn wir so viel Glauben an unseren Meister haben, sind wir auf dem rechten Pfad. Aber hier mangelt es bei den meisten von uns. Indem wir meinen, wir müßten den vollendeten Meister finden, begehen wir Fehler. So versuchen wir zum Beispiel, den lebenden Meister auf die Probe zu stellen. Aber erlaubt mir zu sagen, daß euch das auf den falschen Weg führen wird, denn wir können den Meister niemals auf der Ebene des Verstandes erkennen. Ich möchte dazu eine Geschichte erzählen: König Janaka war der von Gott beauftragte Meister seiner Zeit. Sukh

Dev war der Sohn eines Heiligen. Eines Tages fragte er seinen Vater: "Ich möchte gerne in die Wissenschaft der Seele initiiert werden; zu wem soll ich gehen?" Sein Vater wies ihn an, zu König Janaka zu gehen. Der junge Sukh Dev war sehr klug. Auf seinem Weg zum König kam ihm der Gedanke: 'Er ist ein König, also muß er ein entsprechendes Leben führen und sich mit weltlichen Angelegenheiten befassen. Wie kann er dann der Meister sein?' Daher kehrte er um, bevor er zum König kam. Am Abend fragte ihn sein Vater: "Hast du vom König die Initiation erhalten?" Der Junge erwiderte, er habe keine Zeit gehabt und werde am nächsten Tag hingehen. So machte er sich am nächsten Tag wieder auf den Weg. Aber auf halbem Weg kam ihm der Gedanke, daß der König seiner Armee befehlen mochte, ein anderes Land zu überfallen, wo die Soldaten dann viel Unheil anrichteten. Und da das alles auf Befehl des Königs geschähe, wäre er dafür verantwortlich. So konnte der König also ein großer Sünder sein. Bei diesem Gedanken kehrte er wieder um. Und als ihn der Vater am Abend wieder fragte: "Nun, mein Kind, hast du die Initiation erhalten?" sagte er wiederum: "Nein, ich hatte keine Zeit, ich werde morgen hingehen." Aber wo ein Wille ist, da ist ein Weg. Als er das dritte Mal zum Meister aufbrach, dachte er bei sich: "Warum soll ich zum Meister gehen, wo ich ihn doch nicht für kompetent halte?" Da begegnete er einem alten Mann, der dabei war, Erde in einen Bach zu werfen, um damit einen Wall aufzuschütten. Doch der Bach floß sehr schnell und spülte alle Erde mit sich fort. Aber der Mann nahm weiter kleine Erdklumpen vom Boden und warf sie ins Wasser, das sie sofort wegspülte. Der Mann setzte seine ganze Anstrengung daran, so daß ihm der Schweiß von der Stirn rann. Als Sukh Dev ihn beobachtete, sagte er zu ihm: "Du bist ein Narr. Warum tust du das? All deine Mühe ist umsonst." Der alte Mann entgegnete ihm: "Ich bin kein Narr.

Sukh Dev ist ein Narr, denn er ist fortwährend mit schlechten Gedanken über König Janaka beschäftigt und hat auf diese Weise den ganzen Schatz seiner früheren guten Handlungen verloren." Als der Junge das hörte, erschrak er zutiefst, und sobald er sich wieder gefaßt hatte, ging er in aller Bescheidenheit zum König. Aber als er den Palast betrat, sah er, daß Janaka auf einem sehr bequemen Sessel saß, und wieder kroch der Gedanke in ihm hoch, daß der König ein luxuriöses Leben führte. Wie konnte er da der vollendete Meister sein? Der König wußte um seine Gedanken und fragte ihn: "Nun, mein Freund, was führt dich zu mir?" Er erwiderte: "Ich bin gekommen, um die Initiation zu erhalten." Der König sagte: "Ich habe jetzt keine Zeit. Komme in sechs Stunden wieder. Aber bis dahin sollst du eine Aufgabe erfüllen. Der Junge war damit einverstanden und fragte ihn nach dieser Aufgabe. Janaka gab ihm eine Schale Öl in die Hand und trug ihm auf: "Laufe damit durch die ganze Stadt und achte darauf, keinen einzigen Tropfen zu verschütten." Sukh Dev befolgte diese Anweisung und machte sich mit dem Öl auf den Weg. Er achtete die ganze Zeit darauf, kein Öl zu verschütten und war so damit beschäftigt, daß er nichts anderes wahrnahm. Als er am Abend wieder zum König kam, war er sehr erleichtert und dachte: 'Gott sei Dank, endlich brauche ich nicht mehr darauf zu achten; ich konnte an nichts anderes denken.' Der König fragte ihn: "Mein Junge, hast du dafür gesorgt, daß kein Tropfen Öl verloren ging?" Sukh Dev antwortete: "Oh ja, ich habe gut aufgepaßt." Und wieder fragte der König: "Du bist über den Markt gegangen. Da gibt es allerlei Düfte. Nun sage mir, was hast du gerochen?" Sukh Dev erklärte: "Ich hatte meine ganze Aufmerksamkeit bei meinem Öl, daher konnte ich nichts riechen." Und wieder fragte der König: "Auf dem und dem Markt gibt es besonders schöne Auslagen. Hast du dir etwas ausgesucht?"

Der Junge antwortete: "Oh nein, ich war ja die ganze Zeit mit dieser Aufgabe beschäftigt." Da sagte der König zu ihm: "Mein Junge, du warst so in deine Arbeit versunken, daß du die Düfte und schönen Dinge um dich herum nicht wahrgenommen hast. Wie konntest du dann annehmen, daß ein Mensch, der immer in Gott vertieft ist, sich um die weltlichen Dinge kümmern kann? Er mag so vieles tun, aber seine Aufmerksamkeit ist bei Gott." Danach erhielt Sukh Dev vom König die Initiation.

Denselben Irrtum begehen wir zuweilen in der Gegenwart eines Meisters. Wir sagen: "Er tut dasselbe wie wir; er ißt, schläft und trinkt wie wir — wo ist der Unterschied zwischen ihm und uns?" Aber der entscheidende Unterschied liegt darin, daß der Meister ausschließlich in Gott vertieft ist, wohingegen wir vor allem in die weltlichen Dinge vertieft sind. Wenn wir die Richtung unseres Denken ändern, dann werden wir Liebe zu Gott entwicklen, und alles, was wir in dieser Welt tun, wird uns dabei helfen, Gott zu erkennen.

So wird also daraus deutlich, daß wir als erstes unsere ganze Aufmerksamkeit Gott zuwenden sollten, ohne dabei auf andere zu achten. Es ist *unser* Ziel, das wir erreichen müssen; wir haben unseren Meister und sollten uns nicht von anderen irreführen lassen. Wir müssen selber praktizieren, damit sich unser Auge öffnet. Die Meister raten niemals, ihnen blind zu folgen. Aber wir dürfen uns nicht zu sehr von äußeren Dingen abhängig machen. Vielmehr sollten wir versuchen, uns nur um das Ziel zu kümmern. Und wenn wir unseren Meister haben, dann dürfen wir uns nicht in andere Dinge verstricken. Jemand anders mag seinen vollendeten Meister haben oder auch nicht — was geht uns das an? Wir sollten uns nur um unseren eigenen Fortschritt kümmern. *Daher ist es äußerst wichtig, daß ihr selbst praktiziert, euren eigenen Weg geht und euch nicht von anderen beeinflussen*

laßt. Und noch etwas ist von größter Hilfe: *sich vollkommen Gott zu ergeben.*
In den heiligen Schriften wurde erklärt, daß wir Körper, Verstand und Besitz dem Meister zu Füßen legen sollten. So heißt es: "Wenn du all deinen Besitz, deinen Körper und deinen Verstand dem Meister übergibst, dann kannst du Gott erkennen."
Um das noch deutlicher zu machen, will ich eine Geschichte dazu erzählen, die sich gleichfalls auf König Janaka bezieht. Er hatte einen starken Wunsch, die Initiation zu erhalten, und suchte jahrelang nach dem vollendeten Meister. So berief er schließlich eine Versammlung ein, zu der er viele Heilige einlud, in der Hoffnung, darunter einen zu finden, der sein Verlangen stillen könnte. Sie alle konnten die Theorie in schönen Worten erklären. Aber er sagte: "Ich werde erst dann zufriedengestellt sein, wenn ich Gott sehe. Wenn jemand unter euch ist, der Ihn mir erfahrbar machen kann, mag er bitte vortreten." Der einzige, der vortrat, war Ashtavakra. 'Ashtavakra' heißt 'einer mit acht Höckern'. Zuweilen kann man aufgrund von Mißbildungen der Knochen einen solchen Höcker haben, und er hatte acht davon, an Händen, Rücken usw. Als er zum Podium ging, fingen die Leute an zu lachen. Der König jedoch, der sah, wie Ashtavakra ausgelacht wurde, dachte bei sich: 'Er ist ein Heiliger, vielleicht wird er uns jetzt für unseren Fehler rügen.' So ging er in aller Bescheidenheit dem Heiligen entgegen und bat ihn, mit seinem Vortrag zu beginnen. Der Meister fragte ihn: "Zu welchem Zweck habt Ihr diese Versammlung einberufen?" Der König erwiderte, daß es um der spirituellen Wissenschaft willen geschehen sei – um Gott zu erkennen. Der Meister sagte darauf zum König: "Zu einer solchen Versammlung hättet Ihr ernsthafte Wahrheitssucher einladen sollen. Ihr habt all diese Flickschuster eingeladen." Der König erschrak und fragte ihn, wie er das

meine. Ashtavakra antwortete: "Sie sehen alle nur darauf, ob meine Haut glatt ist oder nicht. Sie schauen nicht auf mein Wissen." Der König bat ihn um Vergebung, und Ashtavakra sagte: "Wenn Ihr die Initiation haben wollte, dann will ich Euren Körper, Besitz und Verstand als Gegengabe. Das ist der Preis für die Initiation." Der König war damit einverstanden und versprach es ihm. Dann forderte der Meister ihn auf, sich zwischen die Schuhe zu setzen.* Als der König dort saß, fragte der Meister: "Wo sitzt du?" Und der König antwortete: "Ich sitze zwischen den Schuhen." Dann fragte ihn Ashtavakra: "Was geht jetzt in deinem Gemüt vor?" Er sagte: "Einmal denke ich an meinen Besitz, einmal an die Königin, dann wieder an den Palast und mein Amt." Ashtavakra sagte: "Nein, das darfst du nicht. All das hast du mir gegeben. Denke daran, daß du mit diesen Dingen nichts mehr zu tun hast. Sie gehören alle mir." Nach einer Weile fragte er wieder: "Nun, wie ist es jetzt?" Der König sagte: "Mein Gemüt ist wie ein Vogel auf einem Schiffsmast: er fliegt hierhin und dorthin, kehrt aber, da er kein Land findet, auf dem er sich niederlassen könnte, immer wieder zurück. So wandern meine Gedanken die ganze Zeit umher." Der Meister sagte darauf: "Denke daran, daß das Gemüt mir gehört und daß du es nicht ohne meine Erlaubnis benutzen darfst." Danach bemühte sich der König, sein Gemüt zur Ruhe zu bringen, und mit der Hilfe des Meisters konnte er die innere Verbindung erlangen. So war er nach der Initiation zufriedengestellt. Der Meister gab ihm nun all die Dinge, die er als Bezahlung von ihm verlangt hatte, zurück. Er sagte: "All das gehört mir, und du sollst es als mein Schatzmeister verwalten."

*) In Indien ist es üblich, daß alle bei religiösen Versammlungen die Schuhe ausziehen und am Eingang stehen lassen. Es war also äußerst demütigend, den König aufzufordern, sich zwischen die Schuhe zu setzen.

Wenn es also heißt, daß wir alles dem Meister übergeben sollen, dann bedeutet das nicht, daß er auch nur das Geringste davon für sich haben will. Wenn wir an etwas gebunden sind, dann fällt es uns schwer, nicht daran zu denken. Wenn wir aber wissen, daß alles dem Meister gehört, dann sind wir nicht daran gebunden. Darin liegt der Sinn, wenn uns geraten wird, alles dem Meister hinzugeben. Aber das ist nur möglich, wenn wir festen Glauben an ihn haben. Und dieser feste Glaube kann nicht aus intellektuellen Überlegungen erwachsen. Daher wird in der spirituellen Wissenschaft immer wieder betont, daß man selbst eine Erfahrung haben muß. Wenn man die Initiation bekommen hat, dann sollte man Zeit und Mühe daran setzen, die innere Vision des Meisters auf den Astralebenen zu haben. Wenn ihr dann den Meister auf den Astralebenen seht und festen Glauben habt, dann ist das erste Ziel erreicht. Aber auch hier begehen wir manchmal einen Irrtum, indem wir denken, wir sollten dort bleiben. Als ich in Wien war, fragte mich ein Herr: "Sie sagen, wenn wir auf der Astralebene sind, sei unser Ziel erreicht." Ich erwiderte: "So habe ich es nicht gesagt." Und ich erklärte ihm: "Wenn wir eine Reise machen wollen, dann müssen wir zuerst eine Fahrkarte lösen, zum Bahnhof gehen und uns in den Zug setzen. Von da an ist es Aufgabe des Zugführers, uns an unser Ziel zu bringen. Aber das heißt nicht, daß man in den Zug einsteigt, dann aussteigt und die Reise beendet ist. Schließlich muß man die Reise zurücklegen! Aber man braucht nun nicht mehr seinen Verstand einzusetzen, weil von jetzt ab der Zugführer verantwortlich ist. Genauso liegt die Verantwortung beim Meister, sobald wir ihm auf der Astralebene begegnen, und er wird dann alles für uns tun." Wenn wir auf diese Weise festen Glauben an den Meister haben, wird er uns bis zur fünften Ebene geleiten, und so erreichen wir unser Ziel. Das wird Erlösung genannt. Dann braucht unsere Seele nicht wieder in diese Welt geboren zu werden. Das ist das Ziel der Religion. Wir müssen in dieser Welt so handeln, daß alles, was wir tun, unserem spirituellen Fortschritt dient. Und was das ist, habe ich erklärt.

Die Gesetze
des Handelns

Gott schuf diese Welt, und wir sind ein Teil
des Allmächtigen Gottes. In der Bibel heißt es, daß
Gott den Menschen Ihm zum Bilde schuf, was
nichts anderes besagt, als daß die Seele ein
Teil von Gott ist. Aus diesem Grund sollte unsere Seele mit Gott verbunden sein, wenn sie
sich nach Frieden und Glück sehnt, denn Gott
ist der Ursprung unserer Seele.
Nun erhebt sich die Frage, warum wir nur
glücklich sein können, wenn wir uns Gott zuwenden, wenn wir bei Gott sind – warum wir
den Pfad der Spiritualität einschlagen sollten.
Der entscheidende Grund ist, daß wir in dieser
Welt ruhelos und unglücklich sind. Frieden und
Glück sind jedoch eine innere Notwendigkeit
für jeden Menschen, und deshalb sind wir immer
auf der Suche danach. Da Gott die Quelle allen
Friedens und aller Freude ist, können wir nur
in der Verbindung mit Ihm zufrieden und glücklich werden.
Und ein weiterer Grund ist, daß wir immer Sorgen
und Nöte haben, solange wir in dieser Welt sind
– sei es in menschlicher oder irgendeiner anderen
Gestalt. Um uns von dieser Last zu befreien,
müssen wir Gott erfahren.
Nun wird man fragen, warum wir immer wieder
in die Welt kommen. Es steht geschrieben, daß
die Seele mit der Silberschnur an den Körper

gebunden ist. Was ist das für eine Silberschnur? Sie besteht aus unseren Handlungen – all jenen Handlungen, durch die unsere Seele in diesem Körper ist. Da die 'Tore' des Körpers – die Augen, Ohren, Nase und die zwei unten – offen sind, müßte die Seele ihn eigentlich jederzeit nach Belieben verlassen können. Aber sie geht nicht hinaus, weil sie durch ihre früheren Handlungen wie mit einer Silberschnur an den Körper gefesselt ist. Wenn wir nun sagen, daß wir die Erlösung erlangen, das heißt, nicht mehr wiedergeboren werden müssen, dann ist das nur möglich, wenn wir keine solche Bindung haben. So geht es darum, zu verstehen, wie wir von Bindungen frei werden und die Eindrücke des Karmas auslöschen können. Es wurde gesagt, daß wir nur unter der Führung eines vollkommenen Meisters die Erlösung erlangen können: Unsere Handlungen können nur ausgelöscht werden, wenn wir bei einem vollkommenen Meister Zuflucht finden.

Nun müssen wir weiter wissen, auf welche Art der lebende Meister uns bis zur Erlösung führt und wie diese Handlungen mit seiner Hilfe ausgelöscht oder abgewaschen werden. Um all dies zu verstehen, müssen wir uns zuerst darüber im klaren sein, was eine Handlung ist und in welcher Beziehung jede neue Handlung zur Gesamtheit der früheren Handlungen steht. *Karma* ist alles, was wir tun. Wenn wir etwas tun, behalten wir davon einen Eindruck zurück. Nehmen wir an, etwas, das wir tun, macht uns Freude, dann empfinden wir eine Bindung an den Gegenstand dieser Freude, und als Nächstes erhebt sich das Ego. Das Ego ist ebenfalls eine Folge des Handelns. Wir denken, daß wir etwas Bestimmtes erreichen konnten und andere Menschen nicht. Das ist Ego. Wenn wir hingegen nicht ans Ziel gelangen, so kommt als erstes Ärger auf und dann Wunschhaftigkeit oder Gier, was uns dazu bewegt, Mittel und Wege zu suchen, um die gewünschte Sache wiederzuerlangen. Auf

diese Weise führt alles, was wir in dieser Welt tun, zu Freude, Bindung, Ego, Ärger und Wunschhaftigkeit. Hierin liegt die Wurzel unseres Unglücks. Wenn wir etwas erreichen wollen, es bekommen und Freude daran haben, so werden wir es uns immer und immer wieder wünschen, und so wachsen unsere Wünsche immer weiter an; aus diesem Grund werden die Wünsche zu einer Quelle des Leids. Indem wir in der Welt tätig sind, nehmen demnach unsere Wünsche Tag für Tag zu. Und so kommt es, daß unzählige Eindrücke aus der Vergangenheit da sind, an die wir vollkommen gebunden sind. Diese Eindrücke werden *Sanskar* genannt, daß heißt, unsere früheren Handlungen, die die Ursache dafür sind, daß wir in die Welt kamen. Um diese Eindrücke abzuwaschen, gehen wir den Pfad der Spiritualität.
So sollten wir zuerst verstehen, was eine Handlung ist. In dem Augenblick, wo wir etwas tun, haben wir die freie Entscheidung, so oder so zu handeln, aber sobald wir es getan haben, ist es unserer Kontrolle entzogen und kann nicht ungeschehen gemacht werden. Was wir auch getan haben, hinterläßt seinen Eindruck im Gemüt und in der Seele. Alles, was wir jetzt tun, nennen wir das 'gegenwärtige Handeln', und darin sind wir frei. Freilich lassen wir uns bei unseren gegenwärtigen Entscheidungen von unseren früheren Handlungen leiten, von unserer Unterscheidungskraft und der Atmosphäre, in der wir leben. Aber sobald wir etwas getan haben, bleiben davon Eindrücke in uns. Wenn wir beispielsweise ein Unrecht begangen haben und dafür bestraft werden, dann ist der Eindruck damit ausgelöscht. Wenn wir uns der Strafe aber durch einen schlauen Trick entziehen, dann bleibt der Eindruck in unserem Gemüt. Er wird den bereits gespeicherten Handlungen hinzugefügt und bleibt somit in unserem Gemüt und danach in der Seele.
So haben wir zunächst einmal unser gegenwärtiges

Handeln und dann die gespeicherten Handlungen. Und wenn nun so viele angehäufte Eindrücke da sind, wird uns nach dem Tod eine bestimmte Anzahl daraus für das nächste Leben zugewiesen, die für jene Inkarnation unser Schicksal oder Geschick ausmachen. Demnach können wir die Handlungen in drei Kategorien oder Arten einteilen: die erste sind die gegenwärtigen Handlungen, die zweite bilden die aufgehäuften oder gespeicherten Handlungen, und die dritte Art ist das Schicksal. Diese drei Arten wirken zusammen, um uns beständig an diese Welt zu binden. Durch unser Schicksal sind wir in dieser Inkarnation - dem gegenwärtigen Leben - und aufgrund der angehäuften Handlungen kommen wir immer wieder auf die Welt. Nur wenn wir all diese Handlungen ausschalten können, ist es möglich, die Erlösung zu erlangen. Natürlich erhebt sich nun folgendes Problem: Wir sind in dieser Welt, weil uns ein Teil unserer Handlungen in Form unseres Schicksals hierher gebracht hat, und diese Handlungen weisen uns nunmehr die Richtung für unseren gegenwärtigen Lebensweg. Solange wir in der Welt sind, müssen wir essen, trinken, schlafen, arbeiten, uns vergnügen usw. - wie können wir dann jemals von den Eindrücken frei werden? Es vergeht kein Augenblick, in dem wir nicht handeln, in dem wir unserer Seele nicht einen weiteren Eindruck hinzufügen, und es liegt nicht in unserer Macht, diese Welt zu verlassen, da wir aufgrund bestimmter Handlungen aus der Vergangenheit hier sind. Welchen Weg gibt es demnach, von diesen Eindrücken loszukommen? Es wurde gesagt, daß gute und schlechte Handlungen die Seele gleichermaßen binden. Wenn wir zum Beispiel Spenden geben oder anderen Menschen helfen, dann ist das eine gute Tat, und wir werden wieder in die Welt kommen, um die guten Früchte davon zu ernten. Wir werden in diesem Fall als Mensch wiedergeboren, wir werden mit vielem gesegnet sein, aber wir müssen wieder auf die

Welt kommen. Wenn wir umgekehrt sehr schlecht
handeln, müssen wir auch dann wiederkommen,
unter entsprechend ungünstigen Umständen.
Daher hat Lord Krishna in der Gita gesagt, daß
gute und schlechte Taten die Seele gleichermaßen
binden: Gute Taten sind wie eine Kette aus
Gold und schlechte Taten wie eine Eisenkette. Es
macht letztlich keinen Unterschied, ob wir mit
goldenen oder eisernen Ketten gefesselt sind.
Genauso sind gute und schlechte Handlungen
gleichermaßen Bindungen für die Seele. Wie kann
man dem nun entkommen? Wie kann man dem
Kreislauf entgehen, in dem man von den vergangenen Eindrücken zu neuen Taten angetrieben
wird, welche ihrerseits die Eindrücke im Gemüt
vermehren?
Um einen solchen Ausweg zu finden, müssen wir
zu den Meistern gehen und uns ihrer Führung
anvertrauen. Wenn wir einen solchen Meister
– den vollendeten Meister, den spirituellen Führer
– gefunden haben, dann leben wir zwar in der
Gegenwart und handeln in dieser Welt, behalten
aber keine Eindrücke davon zurück. Oder man
kann auch sagen, daß unsere Eindrücke weniger
werden. Wie geschieht das? Nun, zunächst einmal werden wir die richtige Unterscheidungskraft entwickeln, denn mit der Hilfe des Meisters
werden wir erkennen, daß wir Unrecht getan
haben und zu sehr bei der Welt waren; dann
gehen wir zu ihm und bereuen – sagen ihm, daß
wir dieses oder jenes falsch gemacht haben
– und er wird zu uns sagen: "Dann tu es nicht
wieder." Ich erinnere mich an so viele Beispiele, wo Menschen zu meinem Meister kamen und
sagten, sie seien in der Vergangenheit sehr
schlecht gewesen, sie hätten viel Unrecht begangen und ein schlechtes Leben geführt, und
er erwiderte nur: "Tu es nicht wieder. Was geschehen ist, läßt sich nicht ungeschehen machen,
aber *tu es nicht wieder.*" Und auf diese Weise
gebot er unserem schlechten Handeln Einhalt.
Wenn wir also zum Meister kommen, sagt er uns

als erstes, daß wir unser Leben ändern sollten
– etwas tun sollten, um auf dem Pfad der Spiritualität fortzuschreiten. Und das Zweite ist, daß seine Worte einen Eindruck in uns hinterlassen, wodurch wir Unterscheidungskraft entwickeln und auf den rechten Weg geführt werden.
Es gibt dazu eine Geschichte aus dem Leben Jesu Christi: Er hielt eine Ansprache, und unter den Menschen, die ihm zuhörten, war eine junge Frau, Maria Magdalena. Sie war von seinen Worten so bewegt, daß sie nach dem Vortrag zu Jesus kam, ihren Kopf auf seine Füße legte und zu weinen begann. Sie konnte lange nicht aufhören zu weinen und wusch Jesu Füße mit ihren Tränen. Sie sagte, sie sei so schlecht, daß sie ihr ganzes Leben lang nichts Gutes getan habe. Jesus Christus war sehr gütig und bramherzig zu ihr und sagte: "Sei nicht verzweifelt, du wirst die Erlösung erlangen." Simon Petrus saß neben Jesus und sagte: "Meister, sie hat so viel Schlechtes in ihrem Leben getan, und Du hast ihr Deinen Segen gegeben und die Erlösung versprochen!" Jesus erklärte: "Sie hat ihre üblen Taten bereut, und sie wird von nun an ein besseres Leben führen und dann die Erlösung erlangen." – Wie war das möglich? Es geschah nur dadurch, daß sie seinen Vortrag gehört hatte und ihr Gemüt davon beeinflußt wurde; auf diese Weise wurde ihr ganzes Leben verwandelt. Wenn wir solchen Meistern begegnen, kann es also sein, daß sich durch ihre Worte unser ganzes Leben ändert. Wie kommt das? – Wir haben in unserem Leben schon so manchen Vortrag gehört und so manches Buch gelesen, ohne daß dies einen besonders starken Eindruck auf uns gemacht hätte. Wenn die Worte des Meisters eine solch starke Wirkung auf unser Gemüt ausüben, dann liegt das nur daran, daß die Meister das, was sie predigen, selbst vorleben. Deshalb hat es eine Wirkung. Ein Mensch spricht aus der Fülle seines Herzens. Wenn wir etwas im Herzen haben und dasselbe aussprechen, wenn

also unser Denken und unsere Worte eins sind, dann hat es eine Wirkung auf andere. Dies ist in der Tat das Geheimnis der Meister: Sie verwirklichen etwas in ihrem Leben und sagen es dann anderen. Auf diese Weise hat es eine Wirkung auf andere.

So ist also der zweite Vorteil, den wir aus der Verbindung mit dem Meister ziehen, daß seine Worte einen Eindruck in unserer Seele hinterlassen und sich auf unser Leben auswirken.

Das Dritte ist, daß wir dem Meister aufgrund unserer Handlungen aus der Vergangenheit begegnen und uns seiner Führung anvertrauen können. Manchmal wissen wir nicht, was seine Aufgabe ist, aber er führt uns und hilft uns aufgrund unserer früheren Handlungen. Dazu gibt es bei uns eine Geschichte aus dem Leben eines Heiligen. Es ist die Geschichte von Valmiki, dem Straßenräuber. Dieser Valmiki führte ein schändliches Leben, indem er Menschen ausplünderte. Wenn jemand des Weges kam, lauerte er ihm auf und raubte ihn aus; nicht selten brachte er den Reisenden auch noch um, nachdem er ihm seine Habe abgenommen hatte. Damit brachte er seine Tage zu. Einmal kreuzte ein Heiliger seinen Weg, der sah, was für ein schlimmes Leben Valmiki führte, und er beschloß, ihn auf den rechten Pfad zu führen. Er ging auf den Räuber zu. Dieser sagte: "Gib mir alles, was du bei dir hast." Der Meister erklärte ihm: "Du tust so viel Schlechtes; denke daran, daß du die Konsequenzen deines Handelns tragen mußt und dir niemand dabei helfen wird. Du wirst schwer leiden." Der Räuber war jedoch so sehr an dieses Leben gewöhnt, daß er nur sagte: "Ich habe keine Lust, mir deine Vorträge anzuhören. Ich interessiere mich nur für das Geld, das du bei dir trägst. Gib es mir, sonst töte ich dich." Und der Meister war sehr gütig, sehr barmherzig. Er sagte: "Nun gut, wenn du Geld willst, dann werde ich es dir geben. Aber ich möchte dich bitten, darüber nachzudenken, daß du das Ergebnis all dieser Taten tragen mußt und daß dir niemand dabei helfen wird." Da jedoch der Räuber so sehr in sein schlechtes Leben vertieft war, zollte er den Worten des Heiligen keine Beachtung, sondern wiederholte, daß ihm an seinen Predigten nichts läge. Immer noch war der Meister sehr gütig und riet ihm noch einmal, darüber nachzudenken, bis Valmiki schließlich sagte: "Oh, ich weiß, du willst mich täuschen; du möchtest davonkommen, indem du mich zu belehren versuchst. Aber das wird dir nicht gelingen." Der Meister entgegnete: "Nein, ich will nicht weglaufen, ich möchte dich nur darauf hinweisen, daß du die Früchte deines Handelns tragen mußt, ohne daß dir irgendjemand zur Seite stehen wird, nicht einmal deine nächsten Angehörigen, deine Frau und deine Kinder. Du magst sie fragen." Der Räuber hielt ihm entgegen: "Wirst du nicht weglaufen, wenn ich zu ihnen gehe, um sie zu fragen?" Der Heilige antwortete: "Du kannst mich mit meinem Turban an jenem Baum festbinden. Dann geh und frage sie. Wenn du herausfindest, daß ich mich geirrt habe, magst du mich nach Belieben strafen." – Wir machen uns keine Vorstellung davon, wie barmherzig die Meister sind, aber sie sind so gnädig, daß sie nicht einmal zögern, ihr Leben aufs Spiel zu setzen. – Der Mann ging also zu seiner Frau und sagte zu ihr: "Was ich tue, das tue ich für die ganze Familie. Daher muß jedes Familienmitglied hernach die Rückwirkungen davon mit mir teilen." Als sie dies hörte, rief jedoch seine Frau: "Oh nein, wir tragen keine Verantwortung dafür, denn es ist deine Pflicht, Geld zu verdienen und uns zu ernähren. Wir haben dir nicht gesagt, daß du es auf diese schlechte Weise verdienen sollst. Es war deine Entscheidung, es auf unehrenhafte Art zu erwerben, und deshalb kannst nur du dafür zur Rechenschaft gezogen werden, nicht wir." Dadurch kam Valmiki allmählich zur Vernunft. Er

lief zurück, verneigte sich zu des Meisters Füßen und sagte: "Ich bereue, was ich getan habe." Danach führte der Meister ihn auf den Pfad der Spiritualität, gewährte ihm die Verbindung mit der Gotteskraft im Innern, und Valmiki begann ein völlig neues Leben. - Wie war das geschehen? Hatte der Straßenräuber irgendetwas Gutes getan? Hatte er auch nur Vorträge gehört? Oder besuchte er die Pilgerorte? - Nichts von alledem. Es war ihm lediglich aufgrund seiner früheren Handlungen bestimmt, die Führung auf den spirituellen Pfad zu erhalten, und der Heilige gewährte sie ihm. So ist dies ein weiterer Weg.
Und es gibt noch eine Möglichkeit, nähmlich, daß wir Liebe zum Meister haben; auch in diesem Fall werden wir auf den Pfad der Spiritualität geführt. Aus dem Leben von Guru Gobind Singh gibt es eine kleine Begebenheit, die dies veranschaulicht: Gobind Singh wollte sich eines Tages gerade aufmachen und zu einem bestimmten Ort reiten, als eine Frau zu ihm kam, ihm einen Krug Milch reichte und sagte: "Herr, bitte wartet nur einen Augenblick und hört mich an." Der Heilige blieb stehen, und sie sagte: "Ich habe Euch diese Milch gebracht. Seid so gütig, sie anzunehmen." Der Meister erwiderte: "Nein, nein, ich habe eine dringende Arbeit zu erledigen, und ich muß mich sofort auf den Weg machen." Darauf sagte die Frau: "Ich dachte in meinem Herzen, daß ich Euch diese Milch bringen würde, und Ihr macht mich sehr unglücklich, wenn Ihr sie nicht nehmen wollt." Der Meister war so gütig, die Gabe anzunehmen. Während er die Milch trank, dachte er bei sich: 'Die Frau hat mir so viel Liebe erwiesen und mir diese Milch gebracht, so sollte auch ich ihr etwas geben.' Dann sah er sie an, sie konnte sich konzentrieren, mit dem inneren Licht und Ton verbinden und sich so weit in die höheren Ebenen erheben, wie es selbst durch jahrelange Übung nicht möglich gewesen wäre. So ist dies ein weiterer

Weg: Wenn wir Liebe zum vollendeten Meister haben, führt er uns auf den Pfad der Spiritualität, und wir können uns in die höheren Ebenen erheben.

So gibt es also mehrere Möglichkeiten, wie wir aus der Begegnung mit dem vollkommenen oder dem lebenden Meister Vorteil ziehen können. Ein Weg ist, daß wir ihn sehen, unser Gemüt zum Stillstand kommt und wir die Konzentration erlangen. Ein anderer Weg ist, seine Vorträge zu hören, wodurch unsere Unterscheidungskraft geweckt wird und wir den rechten Weg einschlagen und schließlich unter der Führung des Meisters den spirituellen Pfad aufnehmen. Auch auf diese Weise werden wir Vorteil haben. Mein Meister sagte oft, daß ein lebender Meister ein großer Segen sei und wir großen Gewinn aus seiner Gegenwart ziehen könnten.

Unsere Seele ist in diesem Körper, weil sie die Eindrücke zahlloser vergangener Handlungen in sich trägt. Und diese nehmen Tag für Tag zu! Wir erleiden die Rückwirkung einer Handlung, häufen aber für diese eine Tat im selben Augenblick so viele neue an, daß diese wiederum zahllose Eindrücke schaffen. Wir leben jetzt in der Welt. Nehmen wir an, wir mußten aus einem ganz bestimmten Grund in diesen Körper und diese Umgebung geboren werden, sagen wir, weil wir jemanden getötet haben. Dann sind wir in diesem Leben, weil jene Seele, jener Mensch, nun seinerseits uns töten wird, so daß die Tat abgewaschen wird. Wenn wir uns aber im Verlauf dieses Lebens angewöhnen, täglich Fleisch zu essen, und wir dies Jahr um Jahr tun, dann dauert es nicht allzu lange, bis wir mehrere Tausend Tiere getötet haben – denn wer das Fleisch der Tiere ißt, der ist verantwortlich für ihren Tod – und dann müssen wir ebenso oft wiedergeboren werden. So sind wir in diesem Fall aus dem einen Grund in die Welt gekommen, weil wir jemanden getötet haben und er uns töten muß, damit dieser Eindruck ausgelöscht wird,

haben aber gleichzeitig die Ursachen für viele
neue Geburten gelegt. Dies ist, wie wir sehen,
ein Kreislauf, aus dem wir uns nicht mit eigener
Kraft befreien können. Das liegt einfach daran,
daß wir nicht in der Welt sein können, ohne
uns mit ihr zu beschäftigen und in ihr zu handeln:
Unsere Sinne sind auf die Welt gerichtet und
nehmen ständig Eindrücke auf, die unser Gemüt
speichert. Aus diesem Grund sind wir in der
Welt, seit das Universum besteht. So oft wir es
auch versucht haben, konnten wir uns nie von
den Handlungen und ihren Eindrücken befreien.
Der einzige Weg, davon loszukommen, liegt darin,
uns dem vollendeten Meister zu übergeben. Nur
dann können wir von den Eindrücken der gegenwärtigen Handlungen frei werden. Das heißt nicht,
daß wir nichts mehr tun, sondern, daß das,
was wir tun, keine Eindrücke in unserem Gemüt
hinterläßt, wenn wir uns zu den Füßen des Meisters
ergeben. Nun müssen wir uns weiter fragen, wie es
kommt, daß die Eindrücke ausgeschaltet sind,
wenn wir uns dem Meister überantworten. Um
dies zu veranschaulichen, nehmen wir das Beispiel eines Kassierers in der Bank. Er führt
genau Buch über das Geld, das man dort an-
legt; er zählt es sorgfältig, und wenn es sich
nicht genau mit dem Betrag deckt, den man
auf dem Formular eingetragen hat, bittet er
den Kunden, den Fehlbetrag zu begleichen. Auf
diese Weise erfüllt er gewissenhaft seine Pflicht.
Falls am Abend, wenn die Bank schließt, seine
Abrechnung nicht stimmt, muß er das fehlende
Geld ersetzen, bevor er nach Hause geht. Er
muß für jeden Fehler gradestehen und wird
daher seine Pflichten sehr ernst nehmen. Was
geschieht aber, wenn sein Dienst beendet ist und
er nach Hause geht? Gesetzt den Fall, er erhält
in der Nacht die Nachricht, daß in der Bank
ein Feuer ausgebrochen ist und das gesamte
Geld verbrannte, dann wird ihn das nicht all-
zusehr beunruhigen. Während der Schalterstunden, in seiner Dienstzeit, mußte er für die

kleinste Münze, die fehlte, gradestehen und sie ersetzen. Aber nach Dienstschluß mögen Hunderttausende gestohlen werden oder verbrennen, ohne daß dafür die geringste Entschädigung von ihm erwartet wird. Der einfache Grund dafür ist, daß er keine Verantwortung trägt. Während der Schalterstunden hat er seine Pflicht getan, und jetzt ist er nicht mehr verantwortlich. Genauso sind wir aufrichtig in unserer Pflichterfüllung, wenn wir dem Meister alles zu Füßen legen. Wir sollten nicht denken, daß wir unsere Pflichten vernachlässigen, wenn wir dem Meister nachfolgen. - Wir erfüllen sie nach bestem Vermögen, aber wenn wir sie erledigt haben, legen wir alles in die Hände des Meisters. Auf diese Weise werden wir davon nicht berührt, und was wir tun, hinterläßt keinen Eindruck in unserem Gemüt. So leben wir in der Welt, ohne neue Handlungen anzuhäufen. Wenn keine neuen Handlungen hinzukommen, bleibt nur noch das Schicksal, das uns in diese Welt brachte, und die gespeicherten Handlungen. Wenn diese abgewaschen sind, ist dieses Leben beendet, und wir können die Erlösung erlangen.

Noch eines müssen wir bedenken, was deutlich macht, daß der lebende Meister bei diesem Vorgang von zentraler Bedeutung ist: *Wenn wir keinen Glauben an den lebenden Meister haben, wenn wir nicht an seine Kompetenz glauben, können wir uns ihm nicht übergeben.* In den heiligen Schriften steht, daß wir uns zu Gottes Füßen ergeben sollten. Da wir Gott nicht gesehen haben, können wir keine Liebe zu ihm empfinden und unerschütterlichen Glauben an seine Macht haben. Es ist sehr schwer, sich einem Unbekannten zu überantworten. Den Meister jedoch sehen wir; wir wissen zunächst nicht, daß er ein höheres Wesen ist, da er uns als ein Mensch wie wir begegnet. Wir können uns bis zu einem gewissen Grad von seiner Kompetenz überzeugen und uns zu seinen Füßen ergeben. So ist es nur möglich, sich dem *lebenden* Meister zu über-

geben. Es steht daher in den Schriften, daß wir
ohne die Führung und die Kompetenz des lebenden Meisters nie von unseren Handlungen befreit
werden können. So ist das erste, daß wir mit
dem lebenden Meister verbunden sind und in
Vertrauen und Ergebenheit zu ihm aufhören, in
der Gegenwart Eindrücke anzusammeln. Auf diese
Weise hört der ständige Zustrom auf.
Nun haben wir noch die Handlungen, die unser
Geschick oder Schicksal bestimmen, und der lebende Meister hilft uns auch diese zu überwinden.
Es ist eine allgemeine Regel, daß wir die Früchte
dessen ernten müssen, was wir in der Vergangenheit gesät haben. Aber dennoch gewährt uns
der Meister auch darin einige Vergünstigungen.
Als Schicksal bezeichnen wir jene Handlungen, die
uns aus dem Speicher der früheren Handlungen
für dieses Leben zugewiesen werden. Die Fülle
dieser Handlungen bringt uns immer wieder in
die Welt. Aufgrund unserer früheren Handlungen
sind wir in die Welt gekommen, und was auch
immer uns in diesem Leben widerfährt, geht
darauf zurück. Je mehr Eindrücke wir in der
Welt aufnehmen und speichern, desto mehr sind
wir mit unseren Gedanken bei der Welt, und wir
vergessen darüber sogar Gott. Wie merkwürdig
ist es doch, daß alles, was wir haben, von
Gott kommt, wir Ihn aber vergessen und Ihm
nicht einmal für all das danken, was allein
Er uns schenkt! In den weltlichen Beziehungen
sind wir jemandem, der uns etwas gibt, dankbar, aber in der Spiritualität oder auf dem
Gebiet der Religion ist Gott der Wohltäter, der
uns alles gibt, und wir vergessen Ihn, wir
verehren Ihn nicht. Statt Ihm für all seine Gaben
und Seine Güte zu danken, wenn es uns gut
geht, erinnern wir uns nur an Ihn, wenn uns
die weltlichen Dinge fortgenommen werden. Wenn
uns etwas fehlt, denken wir oft an Gott, und
wenn wir so viele Dinge in der Welt haben,
vergessen wir Gott. Das ist etwas sehr Merk-
würdiges, und doch geschieht es jeden Tag. Wenn

wir uns an all die Freuden der Welt gewöhnt haben, dann leben wir mit unserem Gemüt so sehr in der Welt, daß wir nicht einmal daran denken, Gott zu verehren. So stark sind diese Eindrücke häufig, daß wir noch von der Welt träumen, wenn wir schlafen. Wie können wir das ändern und davon frei werden? Und warum sind wir der Welt verhaftet? Der einfache Grund dafür ist, daß es uns Freude bereitet, uns mit diesen Dingen zu befassen. Der Ausweg liegt darin, vom Meister auf den Pfad initiiert zu werden und *daran* Freude zu finden. Wenn wir den Pfad beschreiten, indem wir den Anweisungen des Meisters folgen, und unsere Seele mit der inneren Offenbarung der Gotteskraft in Form von Licht und Ton in Berührung kommt, dann hat die Seele daran Freude. Und diese Freude ist von solcher Anziehungskraft und solchem Zauber für uns, daß wir keinen Geschmack mehr an den Freuden der Welt haben. Unsere Aufmerksamkeit richtet sich dann nach innen. Eine Art der Gottesverehrung besteht darin, unsere Aufmerksamkeit von außen nach innen zu lenken. Dies ist nur möglich, indem wir die praktische Erfahrung von jenem Licht und Ton im Innern haben, was nur unter der Führung des vollendeten Meisters geschieht. Je mehr Erfahrung wir von diesem Licht und Ton haben, desto stärker wird unsere Bindung daran, und im gleichen Maße wird unsere Aufmerksamkeit nach innen gelenkt. Von da an werden wir nicht von unserer Umgebung beeinflußt, obwohl wir weiterhin in der Welt leben.
Und es gibt noch einen Gesichtspunkt: Wenn wir Gott im Innern sehen, dann haben wir die Gewißheit, daß Er in jedem Menschen ist. Damit ändert sich unser Verhalten gegenüber unseren Mitmenschen: Wir werden nicht länger von Zuneigung und Abneigung beherrscht, sondern behandeln alle gleich. Auf diese Weise haben wir keine besonderen Bindungen in der Welt.
Und es gibt noch eine weitere Erlärung dafür,

warum wir von unserem Schicksal oder unseren
Handlungen nicht sehr berührt werden, wenn
wir bei einem Meister sind: Mit seiner Hilfe
wissen wir, daß wir heute ernten müssen, was
wir gestern gesät haben. So wissen wir, wenn
uns Schwierigkeiten oder Leid begegnen, daß
dies die Rückwirkungen unserer eigenen früheren
Handlungen sind. So wissen wir, daß mit jeder
gegenwärtigen Schwierigkeit oder Bedrängnis
ein Eindruck aus der Vergangenheit ausgelöscht
wird, und darüber sind wir froh. Indem wir
beim Meister sind, können wir dem Schicksal
mutig ins Auge sehen und Schwierigkeiten und
Leid tapfer erdulden, bis wir schließlich in
allen Lebenslagen heiter und unbesorgt sind. Wir
sehen also, wie vielfältig die Hilfe ist, die uns
die Meister gewähren. Es wurde einmal gesagt,
daß der Meister wie ein Töpfer sei, der aus
Ton Gefäße formt. Er schleift das Gefäß, um
es rund zu machen, d.h. alle Unebenheiten zu
glätten, aber gleichzeitig stützt er es von innen
mit der anderen Hand, damit das Gefäß nicht
zerbricht. Auf dieselbe Weise führt uns der Meister
innen und hilft uns bei jedem Schritt, damit
wir nicht unter den Schwierigkeiten zerbrechen,
die sich uns als Schicksal entgegenstellen. In-
folgedessen sind wir in der Welt und müssen
auch die ungünstigen Seiten unseres Schicksals
ertragen, aber wir sind nicht so unglücklich,
da die Meisterkraft in uns wirkt und uns führt.
Der Meister (oder die Meisterkraft im Innern)
führt uns, indem er uns mit der rechten Unterscheidungskraft ausstattet, die uns nun
erkennen läßt, daß uns alle Dinge nur als
Folge unserer eigenen Handlungen widerfahren
und alles Leid nur dazu dient, die Eindrücke
unserer früheren Handlungen abzuwaschen. Wir
müssen sie ertragen, weil wir selbst die Ursachen
dafür gelegt haben, und so sind wir fähig,
selbst in widrigen Umständen heiter und zufrieden
zu sein, da wir wissen, daß uns dies alles von
jenen Handlungen befreit. Und darüber hinaus

bekommen wir von innen her Halt. So leben wir in dieser Welt, ohne unter den jeweiligen Lebensumständen und -bedingungen zu leiden oder ihnen verhaftet zu sein; ob die jeweiligen Rückwirkungen angenehm oder unangenehm sind, erfüllt uns weder mit Freude, noch mit Kummer oder Sorge, sondern läßt uns unberührt, da wir wissen, daß es nur dazu dient, unsere Handlungen abzuwaschen. Somit bestimmen die früheren Eindrücke nicht länger unser Leben, da wir uns nun in unseren weiteren Entscheidungen nicht länger von ihren Rückwirkungen leiten lassen. Wir nehmen alles gelassen an.

Wir können auf ein und dieselbe Sache (eine Rückwirkung unserer früheren Handlungen) sowohl mit Kummer, als auch mit Freude reagieren. Die Sache selbst ist nie eine Quelle der Freude oder des Leids. Diese Empfindungen ergeben sich nur aus dem Eindruck, den unsere eigenen Gefühle hervorrufen, mit denen wir eine Handlung begleiten oder uns einer Sache zuwenden.

Nehmen wir beispielsweise an, wir hätten ein Geschwür und müßten zum Arzt gehen, damit er es aufschneidet. Wir wissen, daß die Operation schmerzhaft ist, aber dennoch sind wir dem Arzt dankbar, weil uns klar ist, daß der Eingriff uns schließlich die Heilung bringt. Würde uns irgendjemand anders gewaltsam mit dem Messer eine Wunde zufügen, würden wir den Schmerz doppelt so stark empfinden, weil uns dieser Mensch Unrecht zufügt und Gewalt antut. Wenn wir aber – im Falle des Arztes – wissen, daß er nur unser Bestes will und der Eingriff zu unserem Vorteil ist, freuen wir uns darüber, daß das Übel entfernt wird. Die Handlung ist in beiden Fällen gleich, aber unsere Empfindung, mit der wir darauf reagieren, macht uns froh oder unglücklich. Diese Empfindungen wandeln sich, wenn wir beim lebenden Meister sind, und so sind wir in der Welt und handeln darin, aber lassen uns nicht irreführen, noch werden wir von unserem Schicksal beeinflußt, gleich ob es unseren Wünschen entspricht oder nicht. Dies ist eine große Vergünstigung, die uns der lebende Meister in bezug auf unser Schicksal gewährt; und darin liegt ein weiterer Sinn der Verbindung mit ihm, denn nur durch ihn ist das möglich.

So steht in den Schriften, daß wir durch die Verbindung mit dem lebenden Meister eine Vergünstigung gegenüber unserem Schicksal erhalten, da wir uns nach innen wenden und dadurch im Äußeren weder glücklich noch unglücklich sind, sondern ein Leben der Mitte führen, denn wir wissen, daß die Eindrücke abgewaschen werden müssen. So sind wir zwar in der Welt, werden jedoch von ihren Angelegenheiten nicht gefangen genommen. Dieserart ist der Einfluß und der Segen des lebenden Meisters.

Das Dritte sind schließlich die gespeicherten Handlungen, von deren Ausmaß wir keine Vorstellungen haben.

Dazu möchte ich ein Beispiel anführen: Judishtra war von Geburt an blind; da er ein Leben der Entsagung führte, hatte er die Fähigkeit erlangt, seine Handlungen bis zur hundertsten Geburt zurückzuverfolgen. Eines Tages sagte er zu Lord Krishna: "Ich weiß, was ich in meinen letzten hundert Inkarnationen getan habe, und es ist keine Handlung dabei, die dazu geführt haben könnte, daß ich in diesem Leben blind geboren wurde. Warum bin ich blind?" Und Lord Krishna sagte zu ihm: "Ich will dich mit meiner Schau segnen. Geh' noch tiefer nach innen, und dann wirst du es wissen." So wurde er fähig, bis zur 105. Geburt zurückzuschauen. Er wurde in einer königlichen Familie als Prinz geboren. Einmal lief er als Kind in den Wald, um zu spielen. Dort fand er einen kleinen Lehmhügel mit Löchern darin, die zugestopft waren. Er öffnete sie und stach mit Stöcken hinein; dann hörte er von innen einen Schrei, und als er einen Stock herauszog, war er voller Blut. - Und dann hörte er in seinem entrückten Zustand einen Ton, der ihm sagte, daß dies die Ursache seiner gegenwärtigen Blindheit von Geburt an sei. Als er dies erfahren hatte, rief Judishtra erstaunt: "So muß ich jetzt für eine Tat leiden, die nicht weniger als 105 Geburten zurückliegt?" Und wirklich werden unsere Handlungen auf diese Weise gespeichert, und wir wissen nichts von ihrem Ausmaß. In jedem Augenblick werden wir davon beeinflußt, denn wenn sich allzuviel solcher Eindrücke um die Seele gelegt haben, dann sind wir dadurch in der Täuschung befangen. Nun befinden wir uns in einer traurigen Lage, denn wir stecken in der Täuschung, wir sind – aufgrund der früheren Eindrücke – durch Freude, Wunschdenken, Ärger, Verhaftetsein und Ego – gebunden. Wie können wir unter solch ungünstigen Bedingungen Gott erkennen? In früheren Lebensläufen konnten wir Ihn nicht erkennen, da uns all diese Dinge beeinträchtigten. – Die einzige Lösung liegt in der Initiation durch den lebenden Meister. Die Initiation besteht nicht in der Wiederholung einiger bestimmter Worte *(mantra)*. Vielmehr bedeutet Initiation, mit Gott verbunden zu werden, indem man eine unmittelbare Erfahrung vom Licht und Ton in unserem Körper hat, in denen Er sich offenbart. Wenn sich die Seele unter der Führung des vollendeten Meisters mit diesem Licht und Ton verbindet, wird das Initiation genannt. Diese unmittelbare Verbindung kommt durch die Gnade und Führung des lebenden Meisters zustande, und das ist die Initiation. Wenn wir dies erfahren, dann sehen wir, daß Gott zusammen mit unserer Seele in diesem Körper lebt. Und da wir einen solchen Gott nicht im Äußeren finden können, fühlen wir uns auf ganz natürliche Weise nach innen gezogen. Je mehr wir auf diesem Pfad praktizieren, desto mehr Erfahrung haben wir und desto mehr binden wir uns daran und an Gott. Nach und nach schreiten wir immer weiter auf dem Pfad der Spiritualität fort, und unsere Reise führt uns in immer höhere Bereiche. Wenn wir die dritte Ebene überqueren, tauchen wir in den *mansarovar* ein. Dieser heilige See ist in den heiligen Schriften unter verschiedenen Namen erwähnt. In den Sikh-Schriften heißt er *amritsar*, bei den Hindus *mansarovar* oder *priagraj*, und andere Bücher haben andere Bezeichnungen dafür. – Wenn die Seele in diesen See eintaucht, werden alle gespeicherten Handlungen ausgelöscht, und so können sie sich von da an nicht mehr auswirken. Wenn jene Eindrücke abgewaschen werden, sind wir nicht mehr im Einflußbereich der gespeicherten Handlungen.

So werden wir mit der Hilfe des lebenden Meisters von den gespeicherten Handlungen befreit, wir erhalten Vergünstigungen in bezug auf unser Schicksal, d.h. die Taten, die uns für dieses Leben zugewiesen wurden, und die Richtung unseres gegenwärtigen Handelns ändert sich. Wir schlagen einen neuen Weg ein – dies ist das eine, und dazu kommt, daß die Eindrücke dieser Handlungen uns nicht binden. Und wenn keine Handlungen und keine Eindrücke mehr da sind, dann ist in der Todesstunde die Meisterkraft bei uns, wir hören den Tonstrom, der die Seele aus dem Körper zieht, und wir sind bei Gott. Es gibt nichts mehr, was uns an diese Welt binden könnte, und das ist die Erlösung.

Nun können wir verstehen, daß wir die Erlösung nur mit der Hilfe des lebenden Meisters erlangen können.

Die wichtigsten Voraussetzungen für den spirituellen Fortschritt

Wir haben in diesen Tagen über Religion gesprochen. Wie ich in den letzten Vorträgen ausgeführt habe, ist die Religion die Wissenschaft von der Seele. Eine Wissenschaft hängt von praktischer Erfahrung ab. Sie beruht niemals auf Vermutungen und Vorstellungen. Mein Meister erklärte, daß Schlußfolgerungen dem Irrtum unterworfen sind. Sehen ist Glauben. Und auf diesem religiösen Gebiet können wir nur glauben, wenn wir sehen. Das Ziel unseres Lebens ist es, Gott zu erkennen. Und wenn wir Gott nicht erkennen – Ihn nicht sehen, dann ist die Religion von keinem Nutzen. Manchmal behaupten die Leute, man könne Gott nicht sehen, da Er keine Form und keine Farbe besitze. Aber wie ich schon in meinem letzten Vortrag sagte, können wir Ihn erkennen, denn auch andere haben Ihn gesehen. Und mein Meister sagte oft: "Was ein Mensch getan hat, das kann auch ein anderer tun, mit der entsprechenden Anstrengung und der richtigen Führung."
Nun fragt es sich, durch welche Art Anstrengung oder Bemühung wir Gott erkennen können. Das Bemühen liegt in der Lebensweise, die wir annehmen müssen. Gott ist bereits in uns, und auch die Seele ist in diesem Körper. So müssen wir herausfinden, was es ist, das die Seele von Gott fernhält. Wir werden feststellen, daß

es unsere Aufmerksamkeit ist, die unsere Seele an das Gemüt bindet. Das Gemüt ist bereits an die weltlichen Dinge gebunden, und dadurch wird die Seele an die Welt gefesselt. Gott ist schon in diesem Körper, da aber die Seele mit dem Gemüt nach außen geht, ist sie nicht in der Lage, Gott im Körper zu erkennen. Aus diesem Grund sagt Christus: "Klopfet innen an!" Das bedeutet, die Seele nach innen zu wenden. Dann können wir Gott erkennen.
Was müssen wir tun, um die Aufmerksamkeit nach innen zu lenken? Gegenwärtig ist sie außen gebunden, an die Sinnesorgane. Wenn sie sich nun auf irgendeine Weise von außen lösen und von den Sinnesorganen befreien kann, dann kann sie nach innen gehen. So besteht unsere Aufgabe darin, die Aufmerksamkeit nach innen zu lenken. Die Empfindungen sind nicht in den Sinnesorganen; vielmehr beruhen alle Wahrnehmungen nur darauf, daß unsere Aufmerksamkeit bei den Sinnesorganen ist. Manchmal sehen wir etwas, nehmen aber nicht wahr, was es ist. Wir sagen dann, daß unsere Aufmerksamkeit nicht darauf gerichtet war. Es geht also um die Aufmerksamkeit, die wir nach innen richten müssen. Wir stellen zuweilen fest, daß wir mit geschlossenen Augen mehr sehen als mit offenen Augen, denn das Gemüt denkt dann noch mehr an all die Dinge, an die es auch mit offenen Augen denkt. Wir müssen unser Leben so gestalten, daß wir nicht an die weltlichen Dinge gebunden sind. Was ist es nun, das unsere Seele an die Welt bindet? Es ist das Vergnügen, das sie uns bereitet. Das fesselt unsere Aufmerksamkeit an all diese Dinge. Wenn wir unser Leben so einrichten, daß wir uns innerlich nicht zu viel mit den äußeren Gegenständen beschäftigen, dann brauchen wir nicht so sehr an sie gebunden zu sein. Aber wie können wir das erreichen? Indem wir unsere Aufmerksamkeit regelmäßig darin schulen, nach oben gerichtet zu bleiben und nicht bei den Sinnesorganen zu verharren.

Auf diese Weise werden wir nicht in die weltlichen Angelegenheiten verstrickt sein. Wenn wir unsere Aufmerksamkeit auf die Stirn zwischen den beiden Augenbrauen richten, dann nehmen wir weder Geräuche noch Gerüche wahr, da die Aufmerksamkeit sich nicht bei den Sinnesorganen befindet. Um uns dies zur Gewohnheit zu machen, müssen wir unser Leben entsprechend formen und dies regelmäßig praktizieren. Wenn wir uns dann dieser Übung widmen, können wir uns leicht konzentrieren. Aus diesem Grund wird die Wissenschaft der Seele auch "Sahaj Yoga" genannt; 'sahaj' bedeutet 'leicht' und 'yoga' 'Vereinigung mit Gott.' Dies ist der leichteste Weg, Gott zu finden. Denn man richtet auf einfache und natürliche Art seine Aufmerksamkeit nach oben, so daß die Sinnesorgane nicht den weltlichen Dingen verhaftet sind und unser Handeln die meiste Zeit über keine Eindrücke in uns hinterläßt. Um in dieser spirituellen Übung erfolgreich zu sein, müssen wir ein ethisches Leben führen. Wie ich zu Anfang sagte, ist es eine praktische Wissenschaft, bei der wir alles, was wir in der Theorie lernen, in die Tat umsetzen müssen. Daher haben Heilige wie Christus gesagt: "So ihr mich liebt, haltet meine Gebote." Wenn ihr Gott liebt, wenn ihr den Wunsch habt, euch mit Ihm zu verbinden, dann müßt ihr die Gebote der Meister befolgen. Das erste ist, ein ethisches Leben zu führen. Ethisches Leben ist der Wegbereiter zur Spiritualität und die Grundvoraussetzung für den Fortschritt auf dem geistigen Pfad. Obwohl es also äußerst wichtig ist, ein ethisches Leben zu führen, müssen wir dabei im Auge behalten, daß unser Ziel darin liegt, uns mit Gott zu verbinden. Manchmal begehen wir jedoch den Fehler, das ethische Leben bereits für Religion zu halten und darüber das Ziel zu vergessen. Es gibt so viele Menschen, die behaupten, daß eine ethische Lebensweise die ganze Bedeutung der Religion ausmache und wir kein anderes Ziel hätten. Diese Menschen erkennen Gott nicht. Wir müssen daher im Auge behalten, daß ein ethisches Leben ein Mittel ist; das Ziel aber ist die Gotterkenntnis. Wenn wir nicht dieses Ziel verfolgen, dann werden wir uns das ganze Leben lang nur mit den Mitteln beschäftigen. Es gibt zahllose Gemeinschaften in dieser Welt, die allzuviel Nachdruck auf ein ethisches Leben legen. Mein Meister sagte in diesem Zusammenhang: Ein ethisches Leben dient dazu, den Boden zu bereiten. So wird ein Bauer das Feld für die Saat vorbereiten. Dann muß er es pflügen und bewässern und das Unkraut ausjäten – das bedeutet, den Boden bereiten. Das ist eine wesentliche Voraussetzung, um eine gute Ernte zu erzielen. Wenn man sich aber darauf beschränkt und keine Saat legt, kann man auch keine Ernte einbringen. Wir sollten also daran denken, daß wir unsere Bemühungen nicht auf eine ethische Lebensführung beschränken sollten. Es ist ein Mittel, das wir allerdings auch nicht vernachlässigen dürfen. Denn wenn wir nicht die Mittel einsetzen, sind wir nicht in der Lage, das Ziel zu erreichen. Mittel und Ziel sollten also eine Einheit bilden. Wir müssen ethisch leben, um unser Ziel zu erreichen.

Nun fragt es sich, was ethisches Leben bedeutet und warum es notwendig ist. In allen heiligen Büchern heißt es, daß wir ein reines Herz haben sollten. Wenn unser Herz zu sehr mit weltlichen Eindrücken angefüllt ist, wird es davon beeinträchtigt. Christus sagte: "Selig sind, die reinen Herzens sind, denn sie werden Gott schauen." So ist die erste Bedingung, daß wir ein reines Herz haben. Dasselbe wurde in allen heiligen Schriften gesagt. Kabir erklärte: "Das Herz soll rein sein wie das Wasser des Ganges." In Indien gilt dieses Wasser als sehr rein, und genauso rein sollte unser Herz sein. Und was ist das Ergebnis?

"Wenn unser Herz rein ist, wird Gott bei uns sein."

Wir brauchen Ihn nicht zu finden, denn Er wird uns suchen. Dasselbe sagte auch mein Meister: "Es ist nicht schwierig, Gott zu erkennen, aber es ist schwierig, ein Mensch zu werden." Was heißt es, ein Mensch zu sein? Daß unser Herz rein ist! Daher gründete mein Meister das *Manav Kendra*. *Manav Kendra* bedeutet 'Zentrum der Heranbildung zum Menschen.' Wenn wir nur so viel besitzen wie zur Zeit unserer Geburt und unser Herz rein ist, dann können wir sagen, daß wir ein Mensch sind. Dasselbe wurde in den Veden niedergelegt: "Sei ein wahrer Mensch!" Jede heilige Schrift erklärt dies.

So ist eine entscheidende Voraussetzung, daß wir ein ethisches Leben führen. Das hat zwei Aspekte, einen äußeren und einen inneren. Zum äußeren gehört eine kontrollierte Ernährung. Wir sollten eine vegetarische Diät einhalten, deren Zusammensetzung Körper und Geist zuträglich ist. Wir sollten keinen Alkohol und keine Narkotika zu uns nehmen, da sie das Bewußtsein beeinträchtigen, was schließlich unsere Unterscheidungskraft einschränken wird. Und wenn wir dann unter ihrem Einfluß eine falsche Entscheidung getroffen haben, werden wir unter dem Eindruck zu leiden haben, den diese Handlung hinterläßt. Es wurde daher immer betont, daß wir streng auf unsere Ernährung achten sollten.

Das Zweite ist, die Grundsätze der Religion zu beherzigen. Der wichtigste Grundsatz ist die Wahrhaftigkeit. Wir sollten Wahrhaftigkeit zu einer ständigen Gewohnheit machen. Wir sollten gegenüber unserem Arbeitgeber gewissenhaft sein, ehrlich zu unserem Meister und aufrichtig zu Gott. Wir dürfen andere nicht täuschen, sondern müssen uns nach außen so verhalten, wie wir im Herzen fühlen. So ist es wesentlich, daß wir ein wahrhaftiges Leben führen und uns angewöhnen, die Wahrheit zu sprechen. Wenn wir lügen, hat das eine starke Auswirkung auf

unser Gemüt.
Weiterhin ist wichtig, daß wir uns an das Prinzip der Gewaltlosigkeit oder des Nichtangreifens halten, da auch dies Einfluß auf unser Gemüt und unsere Seele hat.
Das Vierte ist Keuschheit. Darüberhinaus sollten wir gegenüber anderen bescheiden sein, denn wenn wir keine Bescheidenheit oder Demut besitzen, können wir nicht zu Gott gelangen. So ist es von entscheidender Bedeutung, daß wir diese Grundsätze verwirklichen. Es gibt noch etwas, und das ist selbstloses Dienen. Wenn wir einen selbstlosen Dienst leisten, dann schränkt das unser Ego ein. Und noch wichtiger ist es, über alle unsere Handlungen einen Rechenschaftsbericht zu führen. Die Fehler, die wir bei unseren Bemühungen machen, sollten aufgezeichnet werden. Wenn wir das nicht tun, machen wir vielleicht so viele Fehler und sagen dennoch, daß alles in Ordnung sei, denn wir wissen nicht, wieviele Verfehlungen uns jeden Tag unterlaufen.
Es gibt dazu eine Geschichte von einem Mann, der zu einem Heiligen ging. Er sagte zu ihm: "Bitte gebt mir die Initiation." Der Heilige antwortete: "Du mußt zuerst eine ethische Lebensweise annehmen." Der Mann erwiderte: "Ich halte mich immer an diese Grundsätze, da liegt bei mir kein Hindernis." Darauf sagte der Heilige zu ihm: "Komme in einem Monat wieder. Und wenn du während dieses Monats irgendwelche Fehler begehst, sollst du für jeden Fehler einen Kieselstein in eine Ecke deines Hauses legen. Auf diese Weise sollst du deine Fehler zählen." Es war ein einfacher Mann, der nur so zählen konnte. Der Heilige sagte: "Lege für jeden Fehler einen Stein zurück. Und wenn du in einem Monat wiederkommst, dann bringe alle Steine mit, damit ich zählen kann, wieviele Fehler du gemacht hast." Der Mann freute sich, denn er meinte: "Da ich keine Fehler mache, werde ich keine Steine mitbringen müssen." Und so

ging er nach Hause. Seine Frau fragte ihn, wo er gewesen sei. Er dachte: 'Wenn ich ihr erzähle, daß ich bei einem Heiligen war, dann könnte sie ärgerlich sein.' So erklärte er, er sei auf dem Markt gewesen. Aber sofort merkte er, daß er unaufrichtig gewesen war, und legte daher einen Stein in die Ecke. Und von da an legte er jedesmal, wenn er einen Fehler begangen hatte, einen Stein dazu. Nach einem Monat ging er zum Heiligen und sagte: "Bitte gebt mir die Initiation." Der Heilige fragte: "Hast du die Steine mitgebracht?" Er entgegnete: "Wie konnte ich die mitbringen? Es sind viele Tausend!" Der Heilige erinnerte ihn daran, daß er doch gesagt hätte, er mache keine Fehler. Er antwortete: "Zu der Zeit sah ich meine Fehler nicht. Ich war damit beschäftigt, die Fehler anderer zu zählen."

Wenn wir unsere eigenen Fehler erkennen, dann sind wir uns selbst gegenüber kritisch, und stellen dann fest, wieviele Fehler wir jeden Tag begehen. Daher wies mein Meister mit Nachdruck darauf hin, wie notwendig es sei, das Tagebuch zu führen, um auf dem spirituellen Pfad rasch fortzuschreiten.

Und als Drittes müssen wir regelmäßig Zeit für die Übungen einsetzen. Mein Meister sagte: "Nehmt nicht eher Essen zu euch, als ihr eurer Seele Nahrung gegeben habt." Das innere Licht und der innere Ton sind das Brot unseres Lebens. Gebt zuerst eurer Seele Nahrung und dann dem Körper. Schließlich ist die Seele wichtiger als der Körper. Wenn wir uns diesen Grundsatz zu eigen machen, dann werden wir regelmäßig in unseren Übungen. Und das Vierte ist, daß wir immer an Gott denken sollten. Gegenwärtig denken wir an die Welt und haben davon Eindrücke im Gemüt und in der Seele. Wenn wir an etwas denken, dann hinterläßt das Eindrücke in uns. Es heißt: "Wie du denkst, so wirst du." Gegenwärtig denken wir an die Welt und sind zu sehr an sie gebunden. Wir träumen sogar von ihr, wenn wir schlafen. Um diese Eindrücke vom Gemüt zu entfernen, sollten wir an Gott denken: wir sollten *beständig* an Ihn denken. Wir mögen in der Welt handeln, unsere beruflichen und anderen Pflichten erfüllen, sollten aber Gott im Herzen haben. Mein Meister pflegte zu sagen: "Deine Hände sollen bei der Arbeit sein und dein Herz beim Meister." Wir sollten unsere Aufmerksamkeit beim Meister haben. Wir nehmen zuweilen an, wenn wir die Aufmerksamkeit nicht bei der Arbeit hätten, könnten wir diese nicht ordentlich verrichten. Aber das ist nicht der Fall. Wenn wir unsere Aufmerksamkeit beim Meister haben, dann erfüllen wir unsere weltlichen Pflichten gut, denn es heißt, daß wir durch die Konzentration unsere Pflichten gut erfüllen, ja sogar besser. Und es ist auch erforderlich, den beruflichen Pflichten die nötige Bedeutung beizumessen. Arbeit ist Gottesdienst. Wenn wir nicht gewissenhaft und ehrlich bei unserer Arbeit sind, dann können wir auch unserem Meister gegenüber und zu Gott nicht ehrlich sein. So ist es notwendig, daß wir unserer beruflichen Arbeit die angemessene Beachtung schenken. Manchmal nehmen wir an, wir könnten unsere weltlichen Pflichten zugunsten der Meditation vernachlässigen. Aber das ist nicht der richtige Weg. Wenn wir die beruflichen Pflichten vernachlässigen, dann können wir uns nicht konzentrieren. Oft fragen die Leute, welches die beste Zeit für die Meditation sei. Und ich antworte dann, daß die Zeit die beste ist, in der wir nicht zu sehr an die beruflichen Pflichten denken. "Wenn ihr eure beruflichen Pflichten zu eurer Zufriedenheit erfüllt habt, dann und nur dann wird eure Aufmerksamkeit sich davon lösen." So müssen wir immer darauf achten, daß wir in unserer Arbeit gewissenhaft sind.

Als nächstes müssen wir den Satsang*) regelmäßig besuchen. Mein Meister erklärte, daß der Besuch des Satsang der Zaun ist, den man um den Sämling zieht. Wenn wir ein Feld haben

und es einzäunen, dann können die Tiere nicht
kommen und die Pflanzen fressen. Wenn wir sie
aber nicht auf diese Weise schützen, dann wird
die Ernte vernichtet. Genauso ist es mit dem
Satsang. Wenn wir ihn nicht besuchen, dann
kann die Konzentration, die wir erlangt haben,
wieder verlorengehen. Es ist daher wichtig, den
Satsang so oft wie möglich zu besuchen. Mein
Meister schärfte ein: "Laßt hundert Pflichten
beiseite und geht zum Satsang. Laßt tausend
Pflichten beiseite und sitzt zur Meditation."
Wir müssen also darauf achten, regelmäßig zum
Satsang zu gehen. Wenn uns das nicht möglich
ist, ist das Nächstbeste, die Zeit für Meditation
zu nutzen. So sollten wir also nicht vergessen,
daß der Satsangbesuch äußerst notwendig ist.
Wir denken zuweilen, daß im Satsang immer
wieder dieselben Dinge erklärt werden. Aber
dennoch hat er eine Wirkung, denn es gibt so
vieles, das uns zum rechten Verstehen führen
kann. Und wenn wir zusammensitzen und an
Gott denken, dann ist die Atmosphäre geladen.
Wir ziehen Vorteil daraus. So müssen wir den
Satsang regelmäßig besuchen.
Als letztes müssen wir die rechte Unterscheidungskraft entwickeln. Wenn wir nicht die richtigen Entscheidungen treffen, dann wird das
unseren spirituellen Fortschritt beeinträchtigen.
Es fragt sich nun, wie wir zu den richtigen
Entscheidungen gelangen können, da wir von
den Eindrücken aus den vergangenen Handlungen
beeinflußt werden und uns daher manchmal
nicht darüber im klaren sind, ob wir eine richtige

---

*) Die wörtliche Bedeutung von 'Satsang' ist 'Gemeinschaft
mit der Wahrheit'. Da der Meister die personifizierte Wahrheit
ist, nennen wir die Gemeinschaft mit dem lebenden, vollendeten Meister "Satsang." Auch wenn wir physisch Hunderte von Kilometern von ihm entfernt sind und uns im Gedenken an den Meister versammeln, ist das Satsang, so wie Christus sagte: "Wo
zwei oder drei versammelt sind in meinem Namen, da bin ich
mitten unter ihnen."

oder falsche Entscheidung getroffen haben. Aus diesem Grund ist es das Beste, wenn wir eine Entscheidung treffen müssen, die Aufmerksamkeit nach innen zu wenden und die Angelegenheit dem Meister zu übergeben. Dann werden wir auf die rechte Weise geführt. Wenn wir Empfänglichkeit besitzen und mit dem Meister auf den inneren Ebenen Verbindung haben, dann wird er zu uns sprechen, so wie ich jetzt zu euch spreche. Aber ihr werdet auch dann von ihm geführt, wenn ihr noch nicht so viel Empfänglichkeit habt und die Entscheidung ihm überlaßt. Der Meister sagte: "Wenn ihr ein Problem habt, dann schreibt es mir. Ihr mögt eine Antwort erhalten oder nicht, aber ihr werdet auf jeden Fall Vorteil daraus ziehen." Denn er weiß, was wir im Herzen haben. Es ist deshalb nicht erforderlich, mit ihm darüber zu sprechen, sondern es ist notwendig, sich ihm hinzugeben. Wenn wir bei ihm Hilfe suchen, werden wir gesegnet sein. Es heißt: "Klopfet an, so wird euch aufgetan!" Wenn wir anklopfen, werden wir gesegnet sein. Wenn ihr also eine Entscheidung zu treffen habt, dann wendet eure Aufmerksamkeit nach innen und überlaßt alles dem Meister. Dann werdet ihr die richtige Entscheidung treffen. Dies ist die beste Art, unser Leben zu gestalten. Zusammengefaßt kommt es also auf folgende Dinge an:
- Ein ethisches Leben zu führen
- Unsere Handlungen aufzuzeichnen, für welchen Zweck wir ein Tagebuch führen
- Den Satsang regelmäßig zu besuchen
- Beständig an Gott zu denken, was von großer Hilfe ist
- Selbstloses Dienen zu üben, was uns dabei hilft, vom Ego frei zu werden; nur durch selbstloses Dienen können wir das Ego überwinden
- Unsere Arbeit gewissenhaft zu verrichten
- Wenn wir Entscheidungen treffen müssen, sie dem Meister zu übergeben.

Wenn wir unser Leben so formen, werden wir **Empfäng**lichkeit erlangen und können schon nach **ein paar** Tagen Übung die innere Vision des **Meisters** haben, mit ihm sprechen und von ihm **in die** Astralebenen geführt werden. Wenn wir ihn zu den Astralebenen sehen, dann haben wir **festen** Glauben an ihn, und all unsere Bemüh**ungen** werden mit Erfolg gekrönt. Wenn unser **Glaube** fest ist, dann ist es der Meister, der **die** übrige Arbeit für uns zu tun hat. Er führt **uns auf** dem ganzen Weg, bis wir uns schließlich mit Gott vereinigen. Unsere Seele wird für immer bei Gott sein, und wir werden die Erlösung erlangen.

Dies ist die Art und Weise, wie wir die Gebote des Meisters halten können, und ich hoffe und wünsche, daß ihr diese Grundregeln befolgt. Ich wünsche euch allen Erfolg.

III

Gespräche mit dem Meister

Was ist Religion?

Was ist das Wesen der Religion?

Religion bedeutet, Gott zu erkennen. Das ist die wörtliche Bedeutung von 'Religion': 're' heißt 'zurück', und 'ligare' heißt 'verbinden'; und so heißt Religion nichts anderes als "wieder mit der Quelle verbinden." Da unsere Seele ein Teil des Allmächtigen Gottes ist, geht es in der Religion darum, die Seele mit Gott zu vereinigen. Es ist ein und dasselbe für die ganze Welt, ohne die geringste Unterscheidung nach Bildung, sozialem Status, Geschlecht und ähnlichem, und es spielt keine Rolle, ob man im Osten oder Westen lebt.

Wenn alle Religionen eins sind, warum gibt es dann so viele Unterschiede?

Die Unterschiede entstehen, weil wir das Ziel – die Gotterkenntnis – vergessen und statt dessen anfangen, nur noch von den Mitteln zu reden. Gott ist in uns, und wir können Ihn nur erfahren, indem wir unsere Aufmerksamkeit nach innen richten. Aufgrund unterschiedlicher klimatischer Bedingungen, kultureller Traditionen und ähnlicher Umstände mögen die Mittel verschieden sein, aber das letzte Ziel ist für alle dasselbe, nämlich Gott zu erkennen. Statt aber dieses Ziel zu erreichen, halten wir die Mittel für die Religion. So dient zum Beispiel das Lesen der heiligen Schriften dem Zweck, unsere Unterscheidungskraft zu schärfen, um zu einem richtigen Urteil fähig zu sein – es ist also ein Mittel zum Zweck. Nun sind diese Bücher in verschiedenen Sprachen geschrieben, und auch ihre Ausdrucksweise mag verschieden sein. Wenn wir nur diese Unterschiede in den Ausdrucksmitteln sehen, dann erheben sich die Schwierigkeiten.

Hat es irgendeinen Nutzen, einem Bekenntnis oder einer Glaubensgemeinschaft anzugehören?

Der Mensch ist ein soziales Wesen, und er muß daher zu irgendeiner Gemeinschaft gehören; anders kann er nicht leben. Aber streng genommen ziehen wir nur den Nutzen aus unserer Religion, wenn wir das Ziel erreichen oder den Zweck erfüllen, zu dem wir ihnen angehören. Die Religionen dienten ursprünglich dem hohen Zweck der Selbstverwirklichung und Gottverwirklichung, was nur in der einen oder anderen Gemeinschaft möglich ist, weil sie auf ein jahrhunderte- und jahrtausendealtes Erbe zurückblicken.

Welchem Zweck dient die Vielzahl religiöser Gemeinschaften und Gruppierungen, der wir uns heute gegenüber sehen?

Die Aufgabe der religiösen Gemeinschaften besteht darin, einen geistigen Boden zu schaffen, auf dem die Gotterkenntnis wachsen kann. Diesem Zweck sollen sie genauso dienen, wie Schulen der Wissensvermittlung dienen.

Erreichen wir das Ziel unseres Lebens, indem wir diesen Gemeinschaften angehören?

Im eigentlichen Sinn – nein, weil es diesen Gemeinschaften darum geht, ihre eigene Identität gegen andere zu behaupten und sich niemand wirklich darum bemüht, den Zweck zu erfüllen, zu dem sie einmal angetreten waren.

Können wir die Erlösung erlangen, indem wir uns der einen oder anderen Religion anschließen?

Wir können die Erlösung erlangen, wenn wir die Lehren im praktischen Leben befolgen. Die Grundlagen der Religion sind gleich, da die Lehren der verschiedenen Religionen im Kern gleich sind, auch wenn sie sich einer unterschiedlichen Ausdrucksweise bedienen. Wir werden die Erlösung erlangen, wenn wie die Religion im praktischen Leben verwirklichen – nicht dadurch, daß wir ihnen lediglich angehören.

Warum sind alle religiösen Bewegungen von ihrem ursprünglichen Ziel abgewichen?

Den praktischen Pfad kann man nur unter der Führung eines spirituellen Meisters beschreiten. Ohne einen solchen Meister ist niemand in der Lage, irgendeine Führung auf dem praktischen Pfad zu geben. Statt dessen sind die religiösen Oberhäupter bestrebt, ihre eigene Stellung zu sichern, zu welchem Zweck man eine Gemeinschaft gründet und aufrecht erhält, die in die falsche Richtung führt, wenn wir nicht eine kompetente Persönlichkeit haben, die uns auf dem praktischen Pfad hilft. Dies ist noch das Schicksal jeder Gemeinschaft gewesen, nachdem der vollendete Meister, in dessen Namen sie ursprünglich gegründet wurde, die Erde verlassen hatte.

Warum gibt es in der christlichen Religion keinen Hinweis auf die Philosophie des Karma?

Jesus Christus hat die Lehre vom Karma gepredigt; sie war also ursprünglich im christlichen

Glauben vorhanden. Da aber keine authentischen Aufzeichnungen seiner Lehren vorhanden sind, müssen wir uns mit Schrifttum aus zweiter Hand begnügen, das in so vieler Hinsicht unvollständig ist; das ist der Grund, warum der Gedanke des Karma heute fehlt. Auch hier ist die Ursache für das Abweichen von den ursprünglichen Lehren des Meisters darin zu suchen, daß später die Sorge um die eigene Identität von Organisationen größer war als das Interesse an der universalen Wahrheit der authentischen Lehre. Obwohl dieses Prinzip heute im Christentum nicht mehr gepredigt wird, gibt es dennoch bis heute einige Hinweise darauf in der Bibel: So finden wir im Matthäus-Evangelium eine Passage, die deutlich macht, daß Johannes der Täufer eine Reinkarnation von Elija war:

> Da fragten ihn die Jünger: Warum fragen denn die Schriftgelehrten, zuerst müsse Elija kommen? Er gab zur Antwort: Ja, Elija kommt, und er wird alles wiederherstellen. Ich aber sage euch: Elija ist schon gekommen, doch sie haben ihn nicht erkannt, sondern mit ihm gemacht, was sie wollten. Ebenso wird auch der Menschensohn durch sie leiden müssen. Da verstanden die Jünger, daß er von Johannes dem Täufer sprach.
> (Matth. 17, 10-13)

Und im Alten Testament steht zum Gesetz von Ursache und Wirkung:

> Gott ist ein gerechter Richter, ein Gott, der täglich strafen kann. Wenn der Frevler sein Schwert wieder schärft, seinen Bogen spannt und zielt, dann rüstet er tödliche Waffen gegen sich selbst, bereitet sich glühende Pfeile. Er hat Böses im Sinn, er geht schwanger mit Unheil, und Tücke gebiert er. Er gräbt ein Loch, er schaufelt es aus, doch er stürzt in die Grube, die er selber gemacht hat. Seine Untat kommt auf sein eigenes Haupt, seine Gewalttat fällt auf seinen eigenen Scheitel zurück. (Psalm 7, 12-17)

Auch im Neuen Testament finden sich klare Aussagen zum Gesetz des Karma:
> "Wer aber Unrecht tut, der wird empfangen, was er unrecht getan hat; und gilt kein Ansehen der Person."
>
> (Kol. 3,25)
>
> "Wer das Schwert nimmt, der soll durchs Schwert umkommen."
>
> (Matth. 26,52)
>
> "Denn der Sünde Sold ist der Tod."
>
> (Röm. 6,23)

Warum sagte Christus, niemand komme zum Vater denn durch ihn? Bedeutet dies nicht, daß das Christentum die einzige Religion ist, welche die Erlösung bringt?

Wenn Christus sagte, daß niemand zum Vater komme denn durch ihn, dann meinte er damit, daß niemand Gott erkennen könne ohne die Führung des lebenden, vollendeten Meisters. Dasselbe steht in den Schriften aller Religionen. So hat Guru Nanak gesagt:
> "Jetzt konnte ich erkennen, daß niemand zu Gott kommen kann, es sei denn durch den Meister."

Auch Kabir, Mohammed und andere haben dasselbe gesagt. Das fundamentale Gesetz, von dem sie alle gesprochen haben, ist, daß wir Gott nur unter der Führung des lebenden Meisters erfahren können. Im Guru Granth Sahib (der Heiligen Schrift der Sikh-Religion) heißt es, daß nur der Meister die Tür zum Himmel aufschließen kann. Dieselbe Vorstellung findet in christlichen Darstellungen Ausdruck – zum Beispiel in den Bildern im Vatikan, wo der hlg. Petrus mit dem Schlüssel dargestellt wird. Jesus sprach zu den Menschen seiner Zeit: Sie konnten Gott nur durch ihn erkennen, weil er der Meister seiner Zeit war.

Ist nicht Christus der einzige Religionsstifter,

der die Liebe als das höchste Prinzip predigte - liebe Gott von ganzem Herzen, mit deinem ganzen Gemüt, und liebe deinen nächsten wie dich selbst?

Der Grundsatz der Liebe äußert sich im Prinzip der Gewaltlosigkeit oder des Nichtverletzens *(ahimsa)*, welches in jeder Religion als der erste praktische Grundsatz gilt. Wenn wir Gewaltlosigkeit üben (nicht einmal die Gefühle anderer Menschen verletzen), dann ist das in die Tat umgesetzte Liebe. So sagte Mohammed:
 "Wenn ihr die Gefühle anderer verletzt,
 wird euch niemals verziehen werden."
Und in den Veden heißt es:
 "Liebe jeden wie deine eigene Seele",
und:
 "Behandle die ganze Welt, wie du deine eigene
 Seele behandelst."
Das ist also nichts Neues. Das Gefühl der Brüderlichkeit geht bis auf die Veden zurück, wo wir bereits die Botschaft finden, daß wir Brüder und Schwestern sind, Kinder des einen Gottes. Liebe ist nicht auf die Lehre Jesu Christi beschränkt, sondern es gibt sie in jeder Religion.

Ist nicht der Buddhismus eher eine Philosophie als eine Religion? Es scheint darin keinen Glauben an Gott zu geben, sondern nur an nirwana, das man gewöhnlich als "Nichts" oder "Leere" übersetzt findet.

"Nirwana" heißt "Erlösung". Auch im Buddhismus glaubt man, daß der Absolute Gott uns nicht helfen kann. Nur wenn Gott sich in einem menschlichen Pol offenbart, kann dieser uns zu Gott führen; er wird "Buddha", der Erleuchtete, genannt. Da in jener Zeit zu viel Gewicht auf die vergangenen Meister gelegt wurde, erklärte Buddha, daß Gott uns nicht nur helfen könne, indem man sich zu den Füßen des Meisters oder des Buddha begibt.

Hat es irgendwelchen Nutzen, die heiligen Schriften zu studieren?

Ja. Das Studium der heiligen Schriften weckt den Wunsch in uns, sich der Religion zu widmen. In jeder praktischen Wissenschaft spielt das Studium der Theorie eine wichtige Rolle. Wenn wir aber nichts anderes tun, als die Theorie zu lesen und nicht den praktischen Weg beschreiten, dann wird uns das ins Unheil führen. Nur wenn wir die Schriften lesen und sie dann praktisch befolgen, können sie Fackelträger sein. Ohne die praktische Verwirklichung können wir ihre wahre Bedeutung jedoch nicht verstehen.

Können wir Liebe zu Gott entwickeln, indem wir uns der Religion widmen?

Sich der Religion zu widmen, ist der einzige Weg, auf dem wir Liebe zu Gott entwickeln können, aber sich der Religion widmen heißt, daß die Seele mit Gott in Verbindung kommt. Wie ich schon sagte, weckt das Studium der Theorie den Wunsch in uns, den Pfad zu gehen, aber das hält nur für Augenblicke an, und wenn wir die Gunst der Stunde nicht nutzen, dann wird diese Empfindung bald wieder von der Liebe zu den Freuden der Welt erstickt. Wenn unsere Seele mit Gott in Verbindung kommt, dann werden die Eindrücke weltlicher Bindungen weggewaschen, und der Wunsch, bei Gott zu sein, wächst jeden Augenblick.

Sollten wir die Riten und Rituale unserer Religion ausüben?

Riten und Rituale dienen dem Zweck, die Tradition der religiösen Gemeinschaft zu wahren. Sie sind von keiner großen Hilfe für den spirituellen Fortschritt – (die Reise der Seele zurück zu Gott).

Was bedeutet es, sich für ein Ziel im Leben zu entscheiden?

Das Lebensziel des Menschen ist es, die Offenbarung Gottes zu erfahren. Sich dafür zu entscheiden, bedeutet, die rechte Urteilskraft zu besitzen und dieses Ziel als wichtiger zu erachten als alle anderen Aktivitäten im Leben.

Meister Kirpal Singh sprach von einer spirituellen Revolution, die es bald geben werde. Was hat er damit gemeint?

Es bedeutet, daß die Menschen die Religion in ihrer wahren Bedeutung verstehen, als eine praktische Wissenschaft der Gotterkenntnis – Gott *im Geist* anzubeten, nicht mit den Händen; und daß wir nicht zu viel Gewicht auf Rituale und den äußeren Aspekt der Religion legen sollten, damit wir uns nicht in diese Dinge verstricken. Da sich dieses Verständnis immer mehr verbreitet und immer mehr religiöse Oberhäupter es akzeptieren (was bedeutet, daß es ihnen nicht mehr so sehr um die Erhaltung ihrer eigenen gesonderten Gemeinschaft geht), wird von einer spirituellen Revolution gesprochen. Religiöse Oberhäupter haben viel Einfluß, und wenn sie das rechte Verstehen haben, dann können wir von einer spirituellen Revolution sprechen.

Sollten wir aus unserer Religion austreten, wenn wir die Initiation von einem Heiligen oder Meister bekommen?

Nein, das brauchen wir keinesfalls; im eigentlichen Sinne beginnen wir erst nach der Religion zu leben, wenn wir von einem spirituellen Meister initiiert werden. Im Christentum betrachtet man ein Kind erst als Christen, wenn es getauft ist. Was war die ursprüngliche Bedeutung der Taufe? Es war die Initiation durch einen vollendeten Meister. Wir haben den Namen beibehalten, aber die praktische Seite vergessen. Daher leben wir also erst wirklich nach der Religion, wenn wir die Initiation erhalten haben. Vorher sind wir nicht wirklich getauft. Im eigentlichen Sinn hatten wir die Religion verlassen und gehören ihr wieder an, wenn wir die Initiation vom vollendeten Meister erhalten.

Welche Rolle spielt der Verstand bei der praktischen Verwirklichung der Religion?

Der Verstand zieht uns zum Gemüt und zu den Sinnesorganen und bindet uns an die weltlichen Dinge. Auf diese Weise stellt er uns oft ein Hindernis in den Weg und bringt unser Gemüt von Pfad der Religion ab. Je mehr wir mit dem Gemüt oder dem Verstand identifiziert sind, desto schwerer wird uns der Zugang zur Religion. Auch in den Veden wird gewarnt, daß allzuviel intellektuelles Wissen uns verwirrt und in tiefer Dunkelheit hält.

Was ist Gott?

Was ist Gott?

Gott ist die Kraft, die das ganze Universum durchdringt und überwacht. Er ist der Schöpfer der ganzen Welt und die höchste kontrollierende Kraft.

Warum sollen wir Gott erkennen?

Unsere Seele ist ein Teil jenes Allmächtigen Gottes, und sie findet keinen Trost, bis sie mit Ihm vereint ist.

Was hält unsere Seele von Gott fern?

Die Eindrücke von unseren Handlungen liegen wie eine Hülle oder ein feiner Film auf der Seele. Das ist der Grund dafür, daß unsere Seele durch die Sinnesorgane an die Welt gebunden ist. Auf welche Weise hilft es nun, sich mit Gott zu verbinden? Wenn wir uns mit Gott verbinden, werden diese Eindrücke ausgewaschen, das heißt, die Filmschicht, die uns von Gott trennt, wird zerstört, und wir sind eins mit Gott.

Kann irgendjemand Gott erkennen?

Ja, es gibt so viele, die Gott erkannt haben

und die ihre Erfahrung zu unserer Führung
enthüllt haben. So hat Jesus Christus gesagt:
"Niemand kennet den Sohn, denn nur der Vater,
und niemand kennet den Vater, denn nur der
Sohn..." (Matth. 11,27)

Die Kirche sagt gewöhnlich, daß es uns unmöglich sei, Gott zu sehen, da Er unbegrenzt ist, während wir sehr begrenzte Geschöpfe sind. Ist das wahr?

Wenn es unmöglich wäre, Gott zu erkennen, warum
hätte Jesus Christus dann so gesprochen? Er
sagte: "Niemand kennet den Vater, denn nur
der Sohn und wem es der Sohn will offenbaren."
(Matth. 11,27) Das heißt, daß der Sohn Gottes
nicht nur selbst Gott - den Vater - sieht, sondern
Ihn auch seinen Schülern offenbaren kann.
Einmal, so berichtet die Bibel, sprach Jesus
zu einer Menschenmenge, als er sich plötzlich
zu seinen Jüngern umwandte "und sprach in
Sonderheit zu ihnen: Selig sind die Augen, die
da sehen, was ihr sehet. Denn ich sage euch:
Viele Propheten und Könige wollten sehen, was
ihr sehet und haben's nicht gesehen, und
hören, was ihr höret, und haben's nicht gehört"
(Luk. 10,24). Seine Jünger konnten das innere
Licht und den inneren Ton, die Ausdrucksformen
Gottes, sehen und hören. Und zu einer Samariterin, die er um Wasser bat, sagte Jesus: "Wenn
du erkenntest die Gabe Gottes und wer der ist,
der zu dir sagt: 'Gib mir Wasser zu trinken!'
du bätest ihn, und er gäbe dir lebendiges
Wasser. Wer von diesem Wasser trinkt, den wird
wieder dürsten; wer aber von dem Wasser
trinken wird, das ich ihm gebe, den wird ewiglich nicht dürsten; sondern das Wasser, das
ich ihm geben werde, das wird in ihm ein
Brunnen des Wassers werden, das in das ewige
Leben quillt." (Joh. 4,10-14) Das Wasser, von dem
Jesus hier spricht, ist wiederum Naam oder das
Wort - der Ausdruck Gottes in Licht und Ton,

die der Schüler in der Meditation im Innern seines Körpers erfährt: "Denn sehet, das Reich Gottes ist inwendig in euch."(Luk. 17,21)
Schließlich übergab Jesus dem Petrus (dem spirituellen Meister seiner Zeit) den Schlüssel zum Himmelreich:"Und ich will dir des Himmelreichs Schlüssel geben." (Matth. 16,19) Der "Schlüssel" diente dazu, den Himmel aufzuschließen, damit die Seelen eintreten und zu Gott kommen könnten. – Wenn es niemandem möglich wäre, Gott zu begegnen, wozu dann all diese Hinweise, die Führung und der Ansporn?

Gibt es nur einen Gott, wie manche Religionen glauben, oder gibt es viele Gottheiten, wie man zum Beispiel im Hinduismus glaubt?

Es gibt nur *einen* Gott, und was wir Gottheiten nennen, sind die verschiedenen Pole, in denen sich Gott zu verschiedenen Zeiten zum Ausdruck gebracht hat. Genauso fließt der elektrische Strom aus einem Kraftwerk und wird an vielen Stellen wirksam – in Glühbirnen, im Ventilator, im Kühlschrank und anderen Apparaturen – aber immer ist es dieselbe Kraft. Zuweilen fühlen wir uns einem bestimmten Pol verbunden, durch den eine solche Kraft wirkte und durch den die Menschen gesegnet waren.

Wie können wir Gott verehren und lieben, wenn Er Geist ist? Ist es nicht unmöglich, etwas Abstraktes zu lieben?

Der Geist kann nur im Geist angebetet werden. Unsere Seele ist auch Geist. Jesus Christus sagte: "Gott ist Geist, und die ihn anbeten, die müssen ihn im Geist und in der Wahrheit anbeten." (Joh. 4,25) und: "Das Reich Gottes kommt nicht mit äußerlichen Gebärden...denn sehet, das Reich Gottes ist inwendig in euch." (Luk.17,20-21) Keine einzige Handlung auf der Ebene der Sinne verdient die Bezeichnung 'Anbetung.'

Welchen Sinn hat der Kreislauf von Gott zu Gott – daß wir uns von Gott entfernen und dann wieder zu Ihm gelangen?

Das ist Gottes Wirken. Er sendet uns in diese Welt, und Er hält auch das Mittel für uns bereit, mit dessen Hilfe wir uns wieder mit Ihm verbinden können.

Welchen tieferen Sinn hat das?

Das ist Gottes Werk, wie ich sagte, Gott erfüllt seinen Plan – das ist alles. Diese Dinge kann man nicht mit dem Verstand begreifen; wir müssen uns vielmehr über das Körperbewußtsein erheben und in die höheren Ebenen gelangen, um uns Gottes Plans bewußt zu werden. "Sehen ist über allem."

Wie ist es zu erklären, daß wir wesenseins mit Gott sind und gleichzeitig so begrenzt?

Das liegt daran, daß wir von den Eindrücken der Handlungen umhüllt sind. Wenn man Wasser aus dem Meer nimmt, es in einen Becher füllt und den vollen Becher ins Meer hält, dann ist das Wasser im Becher vom Wasser im Meer getrennt. Man kann es erhitzen, süßen usw.; aber es ist nur dadurch verschieden, daß der Becher es vom Meer trennt. Auf dieselbe Weise bedecken die "Filme" der Eindrücke die Seele, und deshalb ist sie so begrenzt.

Wenn Gott reine Seligkeit und reines Glück ist und wir ein Teil von Ihm sind, warum sind dann die meisten Menschen unglücklich?

Wir sind unglücklich aufgrund unserer Handlungen, die uns von Gott fernhalten. Je mehr die trennenden Eindrücke ausgewaschen werden, desto mehr Glück und Seligkeit werden wir erfahren.

Wenn die Welt mit ihren Kreaturen die Schöpfung oder gar Offenbarung Gottes ist, woher kommt dann das Böse, und warum ist der moralische Verfall möglich?

Die Welt ist die Schöpfung Gottes, aber Gott offenbart sich nur in einem so geringen Maß darin, daß wir uns nicht zu Ihm hingezogen fühlen und die Anziehungskraft der Materie viel stärker ist. Nehmen wir an, wir haben eine Birne, die Licht gibt. Wenn man sie mit einer Hülle zudeckt und dann fortfährt, eine Hülle um die andere darüber zu legen, dann wird das Licht immer schwächer werden, bis zuletzt alles Licht verlorengeht und Dunkelheit herrscht. Obwohl das Licht immer noch da ist, wird es doch unter all den Hüllen begraben, und man sieht nichts als Dunkelheit. Genauso können wir kaum Gottes Offenbarung in der Welt sehen, sondern fühlen uns viel stärker von der Materie angezogen. Das ist die Quelle des Übels.

In der Bibel heißt es: "Liebe Gott, den Herrn, mit deinem ganzen Herzen", und auch: "Du sollst keine Götter haben neben mir." Was bedeutet das?

Wir können Gott viel stärker fühlen, wenn Er sich in einem Meisterpol offenbart. Wir können Ihn nicht wahrnehmen, wenn Er sich nicht irgendwo offenbart. Die Seele unter ihren Hüllen kann Ihn nur im Meisterpol wahrnehmen. Da die Seele von den Eindrücken früherer Handlungen bedeckt ist, sind wir mit Herz und Verstand an die Materie gebunden. "Liebe mich mit deinem ganzen Herzen" wurde gesagt, damit die Menschen die rechte Unterscheidungskraft entwickelten und ihre Aufmerksamkeit nach innen lenkten. Wenn unsere Aufmerksamkeit zum Teil bei der Materie und zum Teil beim Pol Gottes ist, dann werden wir aufgehalten. Deshalb wurde erklärt: "Ihr sollt keine Götter haben neben mir." Das heißt, unser Herz sollte ganz Gott gehören, und das ist nur möglich, wenn wir Gott im menschlichen Pol, dem lebenden Meister, begegnen, in dem Er sich offenbart.

Aber wie kann in diesem alttestamentarischen Gebot die Aufforderung stecken, Christus, den Meister, zu lieben?

Christus ist nicht mit dem Menschen Jesus Christus gleichzusetzen, sondern Christus ist die Kraft, welche sich in Jesus, aber auch vor und nach ihm immer wieder in einem menschlichen Pol offenbarte. Als Gott dem Moses die Gebote gab, war das nur durch die Meisterkraft oder Christuskraft möglich. Zuweilen haben die Meister gesagt: "Nicht ich, sondern Gott spricht durch mich." So empfing auch Moses die Gebote Gottes durch einen Pol und nicht von Gott ohne einen Pol.

Welches ist die beste Art, Gott zu lieben?

Denke an Gott, halte deine Aufmerksamkeit auf Gott gerichtet – das ist die rechte Art, Gott zu lieben, weil auf diese Weise die Sehnsucht nach Gott wächst. "Wie du denkst, so wirst du." An Gott zu denken, wird unsere Aufmerksamkeit an Ihn binden. Indem wir unsere Aufmerksamkeit auf Ihn richten, werden wir wie Er werden (in unserer wahren Gestalt).

Sant Kirpal Singh hat gesagt, daß Gott jene liebt, die sich selbst helfen, und auch jene, die sich nicht selbst helfen. Was bedeutet das?

Die Mutter liebt jedes ihrer Kinder, ob sie ihr gehorchen oder nicht. Aber sie wird nicht offen erklären, daß sie sie auch dann liebt, wenn sie ihr nicht gehorchen, denn dann wären alle Kinder ungehorsam. Genauso ist es mit Gott. Er hilft allen. Aber damit wir Ihm gehorchen, wird gesagt: Gott liebt jene, die sich selbst helfen. Und ich nehme diese Gelegenheit wahr, um zu erklären, daß Gott auch denen hilft, die sich nicht selbst helfen. Das wird im allgemeinen gesagt, um Gottes Arbeit leichter zu machen. Damit also jeder gehorcht und auf diese Weise die Arbeit Gottes erleichtert, wird gesagt, daß Gott denen hilft, die sich selbst helfen.

Wenn wir das Leid in der Welt sehen, ist es schwer, an einen Gott zu glauben, der reine Liebe ist. Er scheint eher ein grausamer Gott zu sein.

Gott hat mit unserem Leid nichts zu tun. Das ist das Ergebnis unserer eigenen Handlungen. "Wie du säst, so wirst du ernten." Wenn wir Disteln säen und darunter leiden, wie können wir dann Gott dafür tadeln, daß Er uns keine Mangos wachsen läßt? Ist das klug? Wir geben Gott die Schuld für unsere eigenen Handlungen, aber wenn es dieselbe Frucht für alle guten und alle schlechten Handlungen gäbe, wäre nicht *das* grausam und ungerecht? Die Art, wie eine Mutter mit ihrem Kind umgeht, wird nie grausam genannt, obwohl sie oft streng ist; wir halten das jedoch für gut, weil es in Wahrheit dem Wohl des Kindes dient, das seine Lektionen zu lernen hat. Genauso ist es ein Zeichen der Gerechtigkeit, wenn Gott uns für unsere schlechten Taten bestraft. Wenn wir uns dadurch bessern, ist das der Liebe und Barmherzigkeit Gottes zuzuschreiben. Wenn Er uns von der Last unserer früheren Handlungen befreit, indem Er uns leiden läßt, und wenn Er uns stark genug macht, das Leid zu ertragen, dann ist Er reine Barmherzigkeit.

Wenn die Strafe so schwer ist, daß man sogar stirbt, wo ist dann die Kraft zu ertragen?

Wenn die Eindrücke so schwer sind, daß sie

sich nicht in diesem Leben entfernen lassen oder wir den Körper wechseln müssen, dann müssen wir sterben. Aber der Körper ist nicht alles, die Seele ist das Wichtigste; die Seele wird von der Last einiger Handlungen befreit, und so ist auch das ein Akt der Gnade.

Häufig spricht man von Gott als dem Absoluten, Gestaltlosen, aber auf der anderen Seite finden wir in den heiligen Schriften all die Offenbarungen. Welches ist die richtige Auffassung?

"Absolut" bedeutet nicht "ohne Gestalt"; absolut bedeutet "ohne Ausdruck in irgendeiner Form". Am Anfang war Gott absolut, und dann offenbarte Er sich in Form von Licht und Ton und schuf diese Welt. Diese Welt steht unter der Kontrolle der göttlichen Manifestationen von Licht und Ton, und wir haben Offenbarungen von diesem Licht und Ton, wenn sie sich in der Materie im menschlichen Körper offenbaren.

Was ist Naam oder das Wort?

Naam oder das Wort ist die Manifestation Gottes im Licht und Ton.

Was ist die Seele?

Die Seele ist Geist oder Kraft. Sie ist Bewußtsein und ein Teil des Allmächtigen Gottes. Die Seele verläßt beim Tod den Körper. Normalerweise ist der Tod ein schmerzhafter Vorgang, aber für diejenigen, die diesen Prozeß – das Erheben über das Körperbewußtsein – schon vor dem Tod beherrschen, ist es eine Freude. Aus diesem Grund hat Christus geraten, sein Kreuz täglich auf sich zu nehmen, das heißt, die Sinnesströme willentlich vom Körper zurückzuziehen, wodurch sich die Seele über den Körper erhebt.

Was ist der Gottmensch?

Was ist der Gottmensch?

Der Gottmensch ist der menschliche Pol, in dem sich die Gotteskraft manifestiert. Seine Seele ist immer mit Gott verbunden. Jeden Augenblick wird er von der Gotteskraft geführt, und er ist der bewußte Mitarbeiter am göttlichen Plan. Guru Nanak sagte: "Nicht ich wirke, sondern Gott wirkt durch mich." Und Jesus Christus erklärte: "Ich und mein Vater sind eins." Der Vater wirkt durch den Sohn.

Warum kommen Gottmenschen oder Meister in die Welt?

Sie kommen nicht, sondern sie werden gesandt. Es ist eine Frage der Notwendigkeit. Wenn die Seelen den Wunsch haben, einen Weg zurück zu Gott zu finden, dann führt Gott sie zum Gottmenschen, damit ihr Wunsch in Erfüllung geht. "Es gibt Brot für die Hungrigen und Wasser für die Durstigen."

Wie erhält ein Heiliger (Sant) den Auftrag, als Meister zu wirken, und kann es auch vollendete Meister geben, die nicht beauftragt sind?

Wenn jemand die spirituelle Reise bis ans Ende

zurückgelegt hat, dann wird er ein Heiliger genannt. Danach wird er von Gott in die Welt zurückgesandt, um Seine Arbeit zu tun. Er wird also von Gott auserwählt, und der Meister erfährt dies im Innern. Die Initiation im eigentlichen Sinn kann nur der geben, der von oben dazu beauftragt ist, und niemand anders.

Wenn der Sant (Heilige) und Sant Satguru (gottgesandte Meister) dieselbe Qualifikation besitzen, indem sie beide die spirituelle Reise beendet haben, warum kann dann der Sant nicht die Seelen initiieren?

Sant und Sant Satguru haben dieselbe Qualifikation, aber nur der letztere kann für Gott wirken, weil er dazu beauftragt ist.

Und haben wir dann keinen Vorteil von der Gegenwart der Sants?

Wir werden von ihrer Ausstrahlung beeinflußt, was in uns ein Verlangen danach weckt, den Pfad zu gehen. Diesen Vorteil haben wir, auch ohne daß sie die Initiation geben.

Woher kommen die vollendeten Meister?

Die vollendeten Meister sind von der fünften Ebene.*) Sie sind nur in diesem Körper, um der Erde zu wirken und ihren Auftrag von Gott zu erfüllen.

---

*) Die vollendeten Meister oder Sant Satgurus teilen das Universum in fünf Ebenen ein, denen in einer Stufenfolge ein unterschiedliches Mischungsverhältnis von Geist und Materie entspricht — mit **Pind**, der physischen Ebene am untersten Ende der Skala und **Sach Kand** oder **Sat Lok**, der fünften, rein geistigen Ebene, am obersten Ende. Alle Yogis, ja selbst die **Avatare** (Inkarnationen) können nicht weiter als bis zur dritten Region — **Brahmand** — gelangen, die daher irrtümlicherweise von diesen Lehrern als die höchste Ebene betrachtet wird. Aber

Die Meister erklären immer, daß der menschliche Körper der Tempel Gottes ist, da Gott zusammen mit der Seele darin wohnt. Wenn Gott also bereits in uns ist, warum können wir Ihn dann nicht ohne irgendeine Führung erfahren?

Gott und die Seele wohnen in diesem menschlichen Körper, aber unsere Seele kann Gott nicht wahrnehmen, weil sie an das Gemüt gebunden und dieses wiederum durch die Sinne an die Welt verhaftet ist. Diese Bindung entstand durch zahllose Eindrücke in vielen Lebensläufen, und sie ist so stark, daß es uns völlig unmöglich ist, Gott ohne besondere Hilfe zu erfahren. Alle, denen sich Gott offenbarte, bestätigen, daß es nicht ohne die Hilfe des vollendeten Meisters möglich ist.

Wie hilft uns der Meister dabei?

Der Meister ist jemand, der Gott erfahren hat. Er verbindet seine Seele mit unserer Seele und zieht sie hinauf. Er tut dies, indem er unsere Seele für eine Weile von den Eindrücken unserer Handlungen erleichtert, so daß das Gemüt so lange still ist. Erst dann können wir den Pfad gehen. Ohne die Hilfe eines solchen Menschen ist es weder möglich, das Gemüt zu konzentrieren, noch die Seele von diesem Körper zurückzuziehen.

Der Fortschritt auf dem spirituellen Pfad ist Sache der Seele. Wie kann dann ein Gottmensch auf der inneren Reise von Hilfe sein?

dieser Bereich steht immer noch unter der Macht von **Kal Purush**, der negativen Kraft (s.S.101), und so kann es hier noch keine Erlösung vom Rad der Wiedergeburt für die Seelen geben. Nur der unmittelbar von Gott gesandte Meister ist selbst ein befreites Wesen und kann anderen Seelen die Erlösung geben.

Der Meister ist nicht ein Mensch. Er ist der Mensch, der Gott verwirklicht hat. Gott hat sich in diesem Körper (Pol) manifestiert. Wenn der Meister uns auf den spirituellen Pfad initiiert, ist er bei unserer Seele und führt uns immer mit seiner Seele auf den höheren Ebenen.

Durch welche Eigenschaften zeichnet sich der Gottmensch aus?

Der Gottmensch ist eins mit Gott. Jede seiner Handlungen führt uns zu Gott, jede Eigenschaft Gottes findet Ausdruck in ihm. Er ist wie ein "Mikrogott", aber uns allen überlegen, da sich die Geisteskraft ungleich stärker in ihm offenbart. Die Gotteskraft kommt durch ihn zum Ausdruck, weil nur ein Mensch den Menschen führen kann.

Wie können wir wissen, ob der Meister als ein vollendeter Meister vor uns steht, da wir ja nicht beurteilen können, wie groß er ist?

Diese Frage wird mir in diesen Tagen*) immer wieder gestellt, und ich gebe jedesmal dieselbe Antwort: Wir können einen vollendeten Meister erst erkennen, wenn er uns befähigt, uns über das Körperbewußtsein zu erheben und Gott in der Form von Licht und Ton zu erfahren. Dann können wir beurteilen, ob er der vollendete Meister ist oder nicht. Die einzige Art, dies zu entscheiden, ist also, den Pfad zu gehen; wenn ihr dann erfahrt, daß dies der richtige Weg ist, dann könnt ihr sagen, daß ihr vom vollendeten Meister geführt werdet. Wenn aber jemand nicht von der Richtigkeit des Weges überzeugt ist, dann steht es ihm frei, zu gehen und bei einem anderen Meister Hilfe zu suchen. Aber auf dieser Stufe ist es sehr schwierig zu antworten, da die Antwort in eurer Hand liegt.

*) d.h. der ersten Reise des Meisters in den Westen, 1979

Wenn ich nun mit der Hilfe des vollendeten Meisters Licht und Ton erfahre, wie kann ich da wissen, ob es Gott ist oder nicht? Es gibt doch viele Wesen, die einem als Licht erscheinen können; wie soll ich dann wissen, was Gott ist?

Das Zweite, was ich in diesem Zusammenhang sage, ist, daß der Meister uns in der Todesstunde beisteht. Wenn wir zum Beispiel zu einem Sterbenden gehen, der vom Meister initiiert wurde, dann können wir in diesem Punkt zufriedengestellt werden. Und es gibt noch einen Weg: Es geht nicht nur darum, daß Licht und Ton in uns sind und er sie uns offenbart, sondern er ist auch immer auf den Astralebenen bei uns und begleitet uns auf der weiteren spirituellen Reise. Dadurch wird man überzeugt. Wenn aber jemand nicht zufrieden ist, dann hat er ja keinen Vertrag unterschrieben; jedem steht es also frei, zu einem anderen Menschen zu gehen, wenn er möchte.

Gibt es viele Meister oder Gottmenschen in der Welt?

Nicht viele, aber manchmal gab es mehr als einen Meister oder Gottmenschen gleichzeitig.

Gab es zu allen Zeiten Gottmenschen?

Die Welt ist niemals ohne einen – ob wir von ihm wissen oder nicht.

Hatten sie immer denselben Auftrag von Gott?

Ja, alle Gottmenschen vom Beginn des Universums bis auf den heutigen Tag hatten denselben Auftrag ohne die geringste Abweichung, und auch in alle Zukunft wird es so sein. Selbst ihre Lehren vermitteln dieselbe Botschaft, wenn auch ihre Ausdrucksweisen verschieden sein mögen.

In der Bibel sagt Christus zu seinen Jüngern: "Ich habe euch teuer erkauft." Kannst Du das bitte erklären?

Ja, das ist etwas sehr Wichtiges. Wenn die Heiligen Gott verwirklicht haben, sind sie in dieser Welt nicht mehr glücklich. Sie kommen nur im Auftrag Gottes hierher. Und solange sie hier sind, haben sie niemals Freude in der Welt. So wird gesagt, daß der Heilige ausschließlich um der Seele willen in der Welt ist. Er möchte sein Werk so früh wie möglich vollenden. Er lebt in der Welt und bezahlt dafür mit all den Freuden, die er bei Gott haben könnte. Ich möchte es noch anders erklären: Nehmen wir an, man konzentriert sich und empfindet dabei Freude, dann möchte man diese Freude immer wieder haben. Und der Meister, der immer diese Freude hat, sie aber um unseretwillen aufgibt – wie schwer ist es für ihn, in dieser Welt zu leben! Daher wird also gesagt: Ich habe euch teuer erkauft. Denn er ist zum Wohl der Seelen hier und verzichtet auf die himmlischen Freuden.

Gibt es verschiedene Kategorien von Meistern?

Die spirituellen Meister sind jene, deren Auftrag darin besteht, die Seelen mit Gott zu vereinen. Es gibt auch soziale Reformer, die uns zu einem ethischen Leben anweisen und die auch manchmal Meister genannt werden, aber das sind Avatare oder soziale Reformer, und ihre Aufgabe ist es, die Menschen zu einem ethischen Leben anzuspornen. Sie können uns nicht zu den höheren Ebenen führen, da sie nicht von diesen Ebenen sind.

Kann ein vollendeter Meister – neben der Aufgabe, die Seelen mit Gott zu vereinen – ein sozialer Reformer sein?

Ja, ein vollendeter Meister kann auch ein sozialer Reformer sein, aber seine ganze Liebe gilt Gott, und selbst wenn er sich für die soziale Erneuerung einsetzt, verfolgt er auch damit immer das Ziel, die Seele mit Gott zu vereinen.

Sind die Avatare (Inkarnationen) auch Meister des spirituellen Pfades?

Nein, da es nicht ihre Aufgabe ist, die Seelen mit Gott zu vereinen. Der spirituelle Pfad jedoch hat immer das Ziel der Gotterkenntnis.

Wirken Avatare auch unter dem Willen Gottes oder arbeiten sie für die negative Kraft?

Gott wirkt als *Dayal-Kraft* und als *Kal-Purush* (d.h. als positive Kraft und als negative Kraft). Die Dayal-Kraft wirkt durch die vollendeten Meister, deren Aufgabe es ist, die Seelen auf dem Weg zurück zu Gott zu führen. Die Kal-Kraft wirkt durch Avatare, durch das Gemüt und andere Mittler, und ihre Aufgabe ist es, die Welt in Gang zu halten. So arbeiten also die Avatare für die Kal-Kraft, wenn sie die Aufgabe erfüllen, die Welt in Gang zu halten. Wenn sich jedoch ein vollendeter Meister für Reformen einsetzt, sich aber vorrangig darum kümmert, die Seelen mit Gott zu vereinen, dann arbeitet er nicht für die negative Kraft, auch wenn es vielleicht nach außen so scheinen mag. Und wenn die Meister manchmal auf diese Weise tätig sind, dann sind sie noch barmherziger, weil sie es den Schülern dadurch leichter machen, die Spiritualität zu akzeptieren.

Verstehe ich es richtig, daß Lord Krishna ein Avatar war, oder war er ein vollendeter Meister? Oder kann es Meister geben, die beides sind?

Manchmal sind Meister in der Welt, die diese beiden Aufgaben in sich vereinigen. Das gilt zum Beispiel auch für Guru Gobind Singh, den zehnten Guru der Sikhs. Er war sowohl der vollendete Meister seiner Zeit als auch der Avatar. Er erfüllte beide Aufgaben.

Warum folgen die Menschen Avataren oder Meistern, die nicht vollendet und von Gott beauftragt sind?

Die Entscheidung, sich einem Meister anzuschließen oder nicht, liegt nicht bei der Seele, denn die Seele wird aufgrund ihrer früheren Handlungen mit einem Meister verbunden.

Kann jemand auf dem spirituellen Pfad fortschreiten, wenn er von einem nicht vollendeten Meister initiiert wurde?

Wenn jemand auf den Pfad der Spiritualität initiiert wurde, aber nicht vom vollendeten Meister, dann kann er in dem Maße fortschreiten, wie sein Meister fortgeschritten ist. Und danach wird er durch die innere Führung dem lebenden vollendeten Meister übergeben, der die Seele so annimmt, als wäre sie von ihm initiiert.

Wenn ein Initiierter weiß, daß sein Meister nicht vollendet ist, sollte er dann nach dem vollendeten Meister suchen?

Wir können den vollendeten Meister nicht suchen. Aber selbst wenn man sicher ist, daß man nicht vom vollendeten Meister initiiert wurde, kann man nur zu Gott beten, einen zu einem solchen Meister zu führen, da man, wenn man denselben Fehler noch einmal machen kann, sich auf seine Intelligenz verläßt.

*Kann ein vollendeter Meister wieder in die Welt **kommen**, nachdem er den physischen Körper **verlassen** hat?*

Den vollendeten Meister erkennt man an zwei Dingen: Das eine ist der physische Körper und das andere die Kraft, die durch ihn wirkt. Der Körper des Meisters kommt nie wieder in die Welt, aber die Meisterkraft ("das Wort wohnte unter uns") manifestiert sich in einem anderen Pol.

Können wir die physische Gegenwart des Meisters wahrnehmen, ohne daß er physisch da ist?

Wir können den Meister genauso wahrnehmen, wie wir es auf der physischen Ebene tun, aber nicht mit den Sinnesorganen als ein physisches Wesen. Es ist nur eine spirituelle Offenbarung, die wie die physische Gestalt aussieht.

Wirken die Meister Wunder, um ihrer Botschaft Nachdruck zu verleihen oder um ihre Schüler zu überzeugen?

Nein, die Meister zeigen nie Wunder, nicht einmal, um ihre Schüler zu überzeugen. Wunder zu zeigen, gilt als ein Zeichen von Ego, und die Meister haben kein Ego. Wenn etwas als Wunder betrachtet wird, dann verhalten sich die Meister so, daß wir es nicht als solches wahrnehmen, da Wunder zu zeigen einen Menschen auf den falschen Weg führt und zu Fall bringt. Sie würden nicht einmal Wunder tun, um ihren Schülern das Leben zu retten, geschweige denn, um sie zu überzeugen.

Wie kommt es aber, daß wir bei den Meistern so viele Wunder sehen?

Das Wirken der Meister ist immer wunderbar, aber sie tun nichts mit der Absicht, sich zur Schau zu stellen. Jene, die Empfänglichkeit besitzen, können es sehen und andere nicht, aber die Meister wiederholen so etwas nicht, wenn sie jemand darum bittet. Sie verhalten sich sehr natürlich, und selbst wenn sie jemand auf irgendein Wunder hinweist, das sie bewirkt haben, so nehmen sie es nicht als ihren Verdienst, sondern schreiben alles ihrem Meister oder Gott zu.

Warum hat Jesus Christus Wunder gewirkt?

Jesus Christus hat keine Wunder gezeigt, aber sein Wirken war solcherart, daß es wie ein Wunder erschien.

Wie kommt es aber, daß in der Bibel von so vielen Wundern die Rede ist, die Jesus angeblich vollbracht hat?

Wie gesagt verhalten sich die Meister ganz natürlich. Nur jene, die Empfänglichkeit besitzen, nehmen wahr, wie wunderbar ihr Wirken tatsächlich ist. Manchmal berichten solche Menschen oder andere dann von Ereignissen, die wie Wunder wirken.

Setzen vollendete Meister übernatürliche Kräfte ein, um Menschen zu beeinflussen?

Nein, nicht in dem Sinne, daß sie irgendjemanden zu irgendwelchen Entscheidungen zwängen. Aber da die Meister den Schülern Führung geben und da sie mit der Meisterkraft aufgeladen sind, fühlen sich die Schüler mit ihnen verbunden und werden in ihren Entscheidungen geführt. Manschmal halten die Leute das für "Arbeiten mit Kräften, um andere zu beeinflussen."

Lieben die Meister nur die Seelen, die zu ihnen gehören – bzw. sind ihre Lehren nur für einige wenige besonders Begünstigte gedacht?

Die vollendeten Meister sind für alle da. Diejenigen, die aufgrund ihrer früheren Lebensläufe "einen Stempel tragen", erhalten den Segen der Initiation und können spirituell fortschreiten, während andere von ihrer bloßen Gegenwart und ihren Lehren profitieren, was den Boden bereitet.

Haben die Meister Bindungen an ihre Angehörigen oder an andere Menschen?

Die Meister haben keine Bindungen an diese Welt, aber sie geben bestimmten Menschen besondere Zuwendung, um sie zu Arbeitern in ihrem Werk zu machen, denn niemand kann im Werk des Meisters arbeiten, ohne dem Meister besonders verbunden zu sein. Aus diesem Grund mag es zuweilen so scheinen, als hätten die Meister zu dem einen oder anderen eine besondere Bindung.

Sollte ein Initiierter nach dem Tod seines Meisters den neuen spirituellen Meister suchen?

Wenn jemand vom vollendeten Meister initiiert ist, dann reichte spirituell die Aufgabe des Pols bis zur Initiation. Wenn der Körper nicht mehr da ist, wirkt dennoch die Meisterkraft in diesem Pol, aber wenn ein Initiierter auf dem Pfad nicht genügend fortgeschritten ist, dann kann er fortschreiten, indem er mit dem lebenden vollendeten Meister in Verbindung kommt. Dann ist es jedoch nur die Gegenwart des lebenden Meisters, nicht die Initiation von ihm. Und da niemand den vollendeten Meister suchen kann, ist es auch alten Initiierten nicht möglich, den lebenden Meister herauszufinden, außer daß sie von ihrem Meister im Innern zum lebenden Meister geführt werden, was in so vielen Fällen geschieht.

Welches sind die äußeren Merkmale für einen vollendeten Meister?

Der vollendete Meister verdient seinen Lebens-

unterhalt selbst. Er hängt darin nicht von seinen
Schülern oder irgendjemand anderem ab. Er teilt
seinen Verdient mit anderen. Dies ist der wichtigst äußere Prüfstein.
Und in der Gesellschaft eines solchen Meisters
empfinden wir Frieden und Freude, und unser
Gemüt wird still.

*Wenn die vollendeten Meister doch ihr ganzes
Leben für die Menschheit opfern, was schadet
es dann, wenn sie dafür von den Gaben anderer
leben?*

Sie opfern ihr Leben nicht der Menschheit, sondern sie arbeiten auf Gottes Geheiß für Sein
Werk. Daher dürfen sie keine Gaben annehmen.

*Haben die Meister irgendwelche Zeichen an ihrem
Körper?*

Es gibt besondere Zeichen an ihrem Körper,
aber manchmal können wir sie aufgrund unserer
eigenen Entwicklungsstufe nicht erkennen. Davon
abgesehen sind diese Zeichen nie ein sicherer
Prüfstein für den vollendeten Meister. Wenn es
solche sicheren Zeichen gäbe, dann hätte Tulsi
Sahib nicht gesagt, daß wir den vollendeten
Meister nicht erkennen können. Wenn wir uns
das anmaßen, dann müssen wir dafür leiden.

Was für Zeichen sind das, und kann der Meister sie zeigen, um seine Schüler zu überzeugen?

Manchmal haben sie zum Beispiel *padam recha*,
Lotoszeichen oder Sterne, auf den Fußsohlen,
aber die Meister zeigen diese Dinge niemals, da
dies als Wunder betrachtet und niemand aufgrund dieser Dinge überzeugt würde.

Haben die Meister irgendeinen besonderen Lebensstil?

Die Meister leben wie ganz gewöhnliche Menschen, und dies so sehr, daß wir sie oft genug für ganz gewöhnliche Menschen halten.

Manchmal hat es den Anschein, als sei das Wissen des Meisters in bestimmten Dingen begrenzt. Macht er nicht immer Gebrauch von seinem Vermögen, alles zu wissen?

Nein, das ist nicht der Grund. Er verhält sich so, um jenen eine Lehre zu erteilen, die sich für große Intellektuelle halten: Zur gegebenen Zeit beweist er, daß er alles die ganze Zeit gewußt hatte. Dies ist eine Art, intellektuelle Menschen von ihrem Ego zu befreien.

Ändert sich die Art ihres Wirkens entsprechend den Erfordernissen der jeweiligen Zeit?

Ja, es gibt Unterschiede entsprechend der Zeit, dem geistigen Klima und anderen Bedingungen, aber das Ziel und der Sinn ihrer Lehren bleibt immer gleich. In alter Zeit reiste Guru Nanak zu Fuß, um seine Botschaft zu verkünden, und in unserer Zeit benutzte Sant Kirpal Singh Flugzeuge und andere Verkehrsmittel, aber das ausschließliche Ziel war es immer, "die Schafe zu finden."
Auch werden entsprechend der Zeit, in der ein Meister wirkt, die Grundregeln für die Menschen, die diesen Pfad gehen wollen, erleichtert. Kabir gab die Initiation erst nach acht bis zwölf Jahren, wenn er sicher sein konnte, daß der Schüler frei vom Ego war. So war es zum Beispiel auch mit Ibrahim Adham, dem König von Bukhar, der dem Meister viele Jahre lang diente, bevor er für tauglich befunden wurde, die Initiation zu bekommen. Baba Sawan Singh forderte die Menschen nur auf, sechs Monate lang die vegetarische Diät einzuhalten. Sant Kirpal Singh behielt diese Regelung über die größte Zeitspanne seiner Ära bei – die

Menschen mußten mindestens sechs Monate lang die vegetarische Diät einhalten und bekamen dann die Initiation. In seinen letzten Tagen jedoch gab er die Initiation bereits, wenn die Leute nur versprachen, diese Vorschrift vom selben Tag an zu befolgen.

Einige Meister gründeten ein Forum oder eine Gemeinschaft für ihre spirituelle Arbeit, das sie unter dem Namen ihres Meisters führten. So gab Baba Sawan Singh der *Dera* (dem Ashram) und seiner Gemeinschaft den Namen seines Meisters Baba Jaimal Singh; Sant Kirpal Singh nannte seine Gemeinschaft Ruhani Satsant – wie er sagte, wurde dieser Name von seinem Meister Baba Sawan Singh gegeben – und errichtete den Sawan Ashram. In seinen letzten Tagen jedoch lief die Gemeinschaft unter den Namen Sant Kirpal Ruhani Satsang Society und Manav Kendra.

Ein anderer Unterschied in der Art ihres Wirkens besteht darin, daß zum Beispiel Baba Sawan Singh die Theorie kurz und bündig zu erklären pflegte und keine langen Diskussionen liebte. Kirpal Singh dagegen erläuterte den spirituellen Pfad in allen Einzelheiten auf der Verstandesebene.

Baba Jaimal Singh ließ sich nicht gern fotografieren, während in der Zeit Sant Kirpal Singhs Fotos des Meisters von der Gemeinschaft für jeden, der sie haben wollte, bereitgestellt wurden.

Hat eine Seele immer nur einen Meister im Leben, oder kann sie mehrere haben?

Eine Seele kann nur *einen* Meister zu *einer* Zeit haben. Eine Seele kann nicht von zwei oder mehr vollendeten Meistern auf einmal initiiert werden. Es ist nicht möglich, mehreren lebenden Meistern zugleich zu folgen, falls es sie überhaupt gibt. Für *eine* Seele kann es nur *einen* vollendeten Meister geben.

Es wurde gesagt, daß die Seele, die ihrem Meister untreu ist, zur Ehebrecherin wird. Kannst Du das bitte erklären?

Gott ist der einzige Meister unserer Seele. Er manifestiert sich im Meister, und wenn wir dem Meister untreu sind, dann sind wir Gott untreu, der unser wahrer Meister ist. Daher wird gesagt, daß unsere Seele in einem solchen Fall zur Ehebrecherin wird.

Ist das auch der Fall, wenn der Meister eines Schülers stirbt und der Schüler sich um Hilfe und Führung an den Nachfolger wendet?

Nein, da es dieselbe Meisterkraft ist, die durch ihn wirkt. Daher sind wir eigentlich an die Gotteskraft gebunden, und die ändert sich nicht, wenn wir zum Nachfolger gehen.

Ist es möglich, daß jemand zum Nachfolger eines vollendeten Meisters erwählt wird, der nicht von diesem Meister initiiert wurde, sondern von dessen Meister, der also ein "Schüler-Bruder" des Meisters ist?

Wenn ein Meister die physische Form verlassen und diese Kraft einem neuen lebenden Pol übertragen hat, dann ist dieser lebende Meister der Meister dieser Zeit. Danach wird die Kraft von *diesem* Meister auf *einen seiner Schüler* übertragen und niemanden sonst. Und es ist dabei nicht möglich, daß zwei Meister – der gegenwärtige und der aufgestiegene – zusammenwirken.

Was ist die Initiation?

Was ist die Initiation?

Die Initiation bedeutet, die Seele mit der Manifestation Gottes zu verbinden. Die Seele ist an den Körper gebunden, sie breitet sich im ganzen Körper aus. Der Gottmensch hebt unsere Seele über das Körperbewußtsein und zieht sie hinauf, um sie mit Naam oder dem Wort zu verbinden. Das ist die Initiation.

Wer gibt die Initiation?

Einer, der von oben dazu beauftragt ist. Einer, der seine spirituelle Reise vollendet hat und danach von Gott den Auftrag erhält, kann uns die Initiation geben und uns führen, so daß wir auf dem Pfad der Spiritualität fortschreiten. Ein solcher Mensch wird als vollendeter Meister oder Gottmensch bezeichnet.

Was für ein Auftrag ist das?

Den Pfad bis zum Ziel zu gehen, läßt sich damit vergleichen, auf irgendeinem Gebiet sein Studium abzuschließen und den Magister (Meistergrad) zu erwerben. Wenn man dann in einem Institut zum Professor berufen wird, ist man der geeignete Mann zum Unterrichten. Auf die

gleiche Weise ist ein spiritueller Meister, der
von oben berufen wird, der geeignete Mensch,
um die Initiation zu geben.

Warum muß die Initiation unbedingt vom lebenden Meister gegeben werden?

Nur der lebende Meister kann uns die Theorie
erklären, kann seine Seele mit unserer Seele
verbinden und unsere Aufmerksamkeit nach innen
ziehen. Daher ist es unerläßlich, daß die Initiation vom lebenden Meister gegeben wird.
Es kann vorkommen, daß wir uns ohne die
Führung des Meisters vom Körper zurückziehen
und es dann für eine Krankheit halten. So kenne
ich einen Mann, Professor Gopal Krishnan von
der Universität Roorky, der von einem Meister
initiiert war. Sein Meister starb. Zu dessen
Lebzeiten konnte er das Zurückziehen vom Körper nicht erfahren, um mit dem Licht im Innern
in Verbindung zu kommen. Als er jedoch später
anfing, den Satsang zu besuchen, begann sich
sein Bewußtsein vom Körper zurückzuziehen. Er
dachte, es sei eine Krankheit und ließ sich
medizinisch untersuchen. Er war monatelang
in Schwierigkeiten. Dann hatte er eines Tages
ein Gespräch mit mir und konnte die Dinge
verstehen. Danach war es ihm leicht, sich zurückzuziehen, und er ist jetzt sehr glücklich.

Bedeutet die Initiation nicht die Vermittlung der heiligen Namen und das Erklären der Theorie?

Nein, die Initiation besteht nicht im Erklären
der Theorie und Praxis (obgleich dies im allgemeinen dazugehört), sondern sie ist die Praxis
selbst und deren Ergebnisse, die innere Erfahrung, was nur unter der Führung des lebenden
Meisters möglich ist. Die Initiation ist auch
das Bindeglied zwischen dem Schüler und dem
Meister und ein Abkommen zwischen ihnen, in

dem sich der Meister verpflichtet, den Schüler bis ans Ziel zu führen.

Kann jemand, der behauptet, der vollendete Meister zu sein, es aber in Wahrheit nicht ist, bei der Initiation Licht und Ton geben?

Manchmal gibt es eine Licht- und Tonerfahrung sogar ohne jede Führung. Das erklärt sich aus der Vergangenheit des Schülers.*) Meister Kirpal Singh hatte sogar die Vision seines Meisters, bevor er initiiert war, und so viele andere hatten dieselbe Erfahrung. Aber ohne die Hilfe des vollendeten Meisters kann man auf den höheren Ebenen nicht fortschreiten.

Kann auch ein nicht vollendeter Meister im Innern erscheinen?

Ja, das ist möglich.

Kann er in seiner Astralform erscheinen?

Nein, er kann nicht in der Astralform erscheinen, noch kann er dem Schüler in der Todesstunde erscheinen, und daher wird der Tod des Initiierten nicht so leicht sein. Nur der vollendete Meister kann dem Initiierten in der Todesstunde erscheinen.

---

*) Die Meister erklären, daß die gesamte spirituelle Entwicklung eines Schülers auf dem Pfad des Meisters gewöhlich ein Prozeß ist, der bis zu vier Lebensläufe (Inkarnationen) in Anspruch nimmt, bis der Schüler die höchste Ebene erreicht und die Erlösung erlangt. Unter denen, die sich in diesem Leben mit dem spirituellen Pfad befassen, sind demnach immer eine ganze Reihe, die dies bereits in einem oder mehreren vorangegangenen Lebensläufen praktiziert haben. Solche Menschen haben häufig bereits eine gewisse Erfahrung von Licht und Ton, bevor sie vom lebenden vollendeten Meister initiiert werden. Dies zeigt sich häufig erstmalig, wenn sie auf Anweisung eines nicht vollendeten Meisters meditieren.

Wer kann die Initiation erhalten?

Jeder, dem dieses glückliche Schicksal aufgrund seiner Handlungen in vergangenen Lebensläufen gegeben ist, kann die Initiation erhalten.

Wie können wir wissen, ob jemand dieses glückliche Schicksal hat?

Einen Wunsch nach der Initiation zu haben oder dem Meister in der physischen Gestalt zu begegnen, sind die Zeichen dafür, daß jemand zu diesen Glücklichen gehört.

Du sagtest einmal, daß jene, die auch nur einen Blick auf den lebenden Meister werfen – etwa wenn sie auf der Straße an ihm vorbeigehen – einen "Stempel" für die Initiation erhalten, das heißt, dafür prädestiniert sind. Kannst Du das bitte erklären?

Dem Meister zu begegnen, ist ein Zeichen dafür, daß jemand für den spirituellen Pfad bestimmt ist. Dies wird auch in den heiligen Schriften erklärt. So heißt es im Ramayana, daß wir dem Heiligen nur aufgrund guter Handlungen aus unseren vergangenen Lebensläufen begegnen können.

Was sind die Voraussetzungen für die Initiation?

Die Voraussetzung ist, daß man gewillt ist, ein ethisches Leben zu führen. Das ethische Leben umfaßt zwei Aspekte: Erstens muß man sich vegetarisch ernähren (d.h. ohne Fleisch, Fisch und Eier) sowie alkoholische Getränke und andere Rauschmittel meiden und zum anderen nach den Grundsätzen der Religion leben, wozu eine wahrhaftige Lebensweise, Keuschheit*)

---

*) Ein gemäßigtes Eheleben in Übereinstimmung mit den in den heiligen Schriften niedergelegten Prinzipien ist jedoch kein Hindernis für den spirituellen Pfad.

und Gewaltlosigkeit sowie Liebe zu allen Geschöpfen gehören. Der zweite Aspekt ist die Meditation, der man genügend Zeit widmen muß. Wenn man zum Beispiel zu einem Arzt geht und von ihm eine Medizin bekommt, sie aber nicht einnimmt, dann nützt sie einem überhaupt nichts. Genauso ist es mit der Initiation. Wenn man hinterher keine Zeit dafür einsetzt, dann kann man keinen Gewinn davon haben. Es ist also notwendig, mindestens zwei bis drei Stunden täglich für die Meditation einzusetzen. Das sind die einzigen Voraussetzungen für die Initiation.

Warum haben die Menschen so unterschiedliche Haltungen zur Initiation? - Einige wissen ihren Wert zu schätzen und andere nicht.

Das liegt an ihrem jeweiligen Erfahrungsschatz aus der Vergangenheit. Nach der Initiation geht der eine den Pfad und der andere nicht. Diejenigen, die ihn gehen, haben das bereits in ihrem letzten Leben getan. Die Summe der Meditationen vergangener Lebensläufe bildet jeweils den spirituellen Erfahrungsschatz der Initiierten.

Wie wird die Initiation gegeben?

Der Meister fordert den Adepten auf, sich zur Meditation zu setzen, und zieht dann dessen Aufmerksamkeit über das Körperbewußtsein, indem er seine Seele mit der Seele des Adepten verbindet. Dann hat der Schüler die innere Erfahrung.

Worin liegt die Notwendigkeit für die Initiation?

Die Initiation ist die praktische Erfahrung der Manifestation Gottes im Innern. Sie gibt die feste Überzeugung, daß Gott existiert, denn Sehen ist Glauben, und wir können nicht allein durch das Lesen der Schriften sicher sein. Wenn jemand die Freude und das Glück erfahren hat, die in der Verbindung mit Gott liegen, dann hat er immer wieder den Wunsch danach. Die Aufmerksamkeit zieht sich dann leicht von außen zurück. Wenn zum Beispiel ein Kind einen Lehmklumpen ißt und sich ganz darin vertieft, dann erscheint er ihm schmackhaft, obwohl in Wahrheit kein Geschmack darin ist. Gibt man ihm aber eine Süßigkeit, dann will es nie wieder Lehm essen. Wenn man ihm dagegen immer nur von Süßigkeiten erzählt, ohne sie ihm zu geben, dann kann es nicht aufhören, Lehm zu essen. Auf genau die gleiche Weise lenkt die Erfahrung von der Manifestation Gottes – dem inneren Licht und Ton – die Aufmerksamkeit von den weltlichen Freuden nach innen.

Warum ist die innere Erfahrung bei der Initiation bei allen Menschen unterschiedlich groß?

Sie ist aufgrund der Vergangenheit jedes einzelnen verschieden. Da die gesamten Handlungen aus unseren früheren Lebensläufen nicht verloren gehen, bleibt uns natürlich auch die Wirkung der Summe aller Meditationsübungen aus den vergangenen Lebensläufen. Daher entspricht die Erfahrung bei der Initiation *im allgemeinen* unserer jeweiligen Entwicklungsstufe.

Gibt die Initiationserfahrung immer Aufschluß über die spirituelle Entwicklung des Betreffenden?

Nicht immer. Die Initiationserfahrung hängt auch noch von anderen Faktoren ab: der geistigen Verfassung des Adepten, seiner Denkweise, der Atmosphäre, in der die Initiation stattfindet, und gegebenenfalls von der Person, die als Mittler des Pols wirkt, welcher die Initiation gibt*).

---

*) d.h. der Repräsentant des Meisters, durch den die Initiation gegeben wird, wenn der Meister nicht physisch anwesend ist.

Wenn unser Meister sirbt, brauchen wir dann erneut die Initiation vom Nachfolger oder lebenden Meister?

Nein, keinesfalls. Die Initiation ist die unmittelbare Verbindung mit dem Licht und Ton, und die wurde bereits von dem vorhergehenden Meister gegeben. Es ist dieselbe Meisterkraft – derselbe Freund im neuen Gewand. Daher ist keine erneute Initiation erforderlich.

Wenn sich ein Initiierter dazu verleiten läßt, von einem anderen Meister eine zweite Initiation anzunehmen, was geschieht dann mit ihm?

Wenn einer vom vollendeten Meister initiiert ist, dann ist die Meisterkraft immer mit ihm, wenn es auch nach außen nicht den Anschein haben mag. Die Meisterkraft wird ihn zur rechten Zeit wieder zurückholen. Dennoch ist es ein Unglück für den Initiierten, da er aufgrund dieser Irreführung so viel Zeit vergeudet.

Wenn jemand vom vollendeten Meister initiiert ist und ihn später verläßt, ist die dann folgende Zeit für ihn verloren?

Ja, natürlich. Selbst einer, der nicht vom vollendeten Meister initiiert, sondern von jemand anderem auf den spirituellen Pfad gestellt wurde, wird zu gegebener Zeit vom eigenen Meister im Innern zum vollendeten Meister geführt. Wenn aber jemand vom vollendeten Meister initiiert ist und dann von seinem eigenen Gemüt dazu verleitet wird, den Meister zu verlassen, dann vergeudet er seine ganze Zeit.

Wenn jemand sich nicht so sehr an den Meister gebunden fühlt, von dem er die Initiation erhielt, sondern viel mehr an seinen Vorgänger oder seinen Nachfolger, was ist der Grund dafür, und ist daran etwas Schlechtes?

Der Grund dafür ist, daß er zu Lebzeiten seines eigenen Meisters noch nicht genügend Empfänglichkeit entwickeln konnte; aber es ist dasselbe, ob wir den vorhergehenden Meister lieben oder den lebenden, da die physische Gegenwart des lebenden Meisters eine sehr wichtige Rolle dabei spielt, Empfänglichkeit zu entwickeln. Und manchmal fühlen sich Menschen mit dem Vorgänger verbunden, da sie in ihrem letzten Leben sehr gute Empfänglichkeit hatten. Frühere Meister haben erklärt, daß gewöhnlich vier Geburten nötig sind, bis der Schüler vom Rad des Karma befreit ist.

Bedeutet dies, daß er in jedem Leben erneut die Initiation braucht?

Ja, er muß in der menschlichen Form wiederkommen und in jedem Leben wieder die Initiation erhalten.

Würde das nicht bedeuten, daß die Seele am Ende vier Meister hat?

Es gibt nur einen Meister, wenn auch verschiedene Pole. Wenn die Seele vier verschiedene Gestalten (d.h. menschliche Körper) annimmt, dann wird sie auch die Meisterkraft in vier verschiedenen Gestalten haben. Eines ist sehr einfach: Ob es Baba Jaimal Singh, Baba Sawan Singh, Sant Kirpal Singh oder irgendein anderer ist - es ist immer dieselbe Kraft. Und wenn ein solcher Meister sagt: "Ich bin für die Seele verantwortlich", dann heißt das, die Kraft ist verantwortlich, nicht der jeweilige Körper. Christus sagte: "Ich und mein Vater sind Eins."
Wenn man in einem früheren Leben die Initiation hatte - ist dann die Verbindung mit diesem Meister beim Tod beendet?
Der Meister ist nicht der Pol, der Meister ist die Kraft. Wenn der Meister die Initiation gibt, dann ist er für immer mit dem Schüler - nicht

in der physischen, sondern in der spirituellen Form. Es gibt nur *eine* Meisterkraft, die sich nicht verändert, wenn die physische Gestalt eine andere ist. Wenn jemand Empfänglichkeit entwickelt, dann sind die Unterschiede auf der physischen Ebene verschwunden.

Es heißt, daß jemand, der vom vollendeten Meister initiiert wurde, nicht als Tier wiedergeboren wird. Wie ist das zu erklären?

Der Initiierte wird als Mensch wiedergeboren, da er beim Tod die Vision des Meisters hat und seine Aufmerksamkeit von allem anderen losgelöst ist. Da die Seele (Aufmerksamkeit) an den Tonstrom im Innern gebunden ist, kann sie sich leicht zurückziehen.

Gibt es Ausnahmen, bei denen ein Initiierter doch als Tier wiedergeboren wird?

Ja, das kann die Folge sein, wenn er sich einem empfänglichen Schüler oder sogar dem Meister gegenüber schlecht benimmt.

Weist Du jemals einen Menschen ab, der um die Initiation bittet?

Ja, wenn es ihm nicht vorherbestimmt ist, die Initiation zu erhalten. Dies bedeutet, daß für ihn noch nicht die rechte Zeit gekommen ist, um initiiert zu werden und er nicht genügend Empfänglichkeit hätte.

Wie kommt es, daß die Menschen im Osten im allgemeinen so viel mehr Empfänglichkeit haben als die Menschen im Westen?

Das liegt an ihrer Vergangenheit und der spirituellen Atmosphäre. Im Westen werden materieller und intellektueller Fortschritt als die höchsten Qualifikationen betrachtet, wohingegen diese im Osten in bezug auf viele religiöse Grundsätze eine Disqualifikation für die Wahrheitssucher sind: Einer dieser Grundsätze ist *epigraph*, was in etwa bedeutet: "so wenig Bedürfnisse wie möglich haben". Im Osten sind die Menschen mit dem Minimum an weltlichem Besitz zufrieden, und sie verwirklichen damit dieses Prinzip in seiner wahren Bedeutung. Dagegen glaubt man im Westen zu sehr an den materiellen Fortschritt. Mehr Bedürfnisse ziehen mehr Wünsche in der Welt nach sich, und die Wünsche verstärken die Bindung an die Welt. Und intellektuelles Wissen, das dem spirituellen Menschen zur Zierde gereicht, führt bei den meisten weniger entwickelten Menschen zu Stolz und Eitelkeit und läßt ihr Gemüt nicht zur Ruhe bekommen. So ist also die spirituelle Atmosphäre ausschlaggebend.

Kannst Du bitte sagen, welche Art Erfahrung die Menschen gewöhnlich haben, wenn Du ihnen die Initiation gibst?

Die Erfahrung ist von Person zu Person verschieden. Aber jeder - mit sehr wenigen Ausnahmen - hat eine Erfahrung von Licht und Ton, und der Anteil derer, die die Vision des Meisters im Innern haben, bewegt sich zwischen 30 und 100 Prozent. Sie haben die Vision des lebenden Meisters, von Sant Kirpal Singh, Baba Sawan Singh und auch anderen früheren Meistern.

Was sind die fünf heiligen Namen, und welchem Zweck dienen sie?

Die fünf heiligen Namen sind die kraftgeladenen Worte, die die Aufmerksamkeit unter Kontrolle halten und uns daran hindern, abzuschweifen.

Ethisches Leben

Warum ist es nötig, die weltlichen Freuden aufzugeben, wenn wir den Pfad des Meisters gehen wollen?

Wenn sich unsere weltlichen Wünsche erfüllen, dann ziehen sie Vergnügen, Bindung und Ego nach sich, und wenn die Dinge unseren Wünschen zuwiderlaufen, dann sind Ärger und Gier die Folge. Auf diese Weise führen die Wünsche nach weltlichen Dingen unweigerlich zu Vergnügen, Bindung, Ego, Ärger und Gier. Da sich unsere Aufmerksamkeit dann ständig auf weltliche Dinge richtet, ist sie von Gott abgewandt. Deshalb müssen wir den weltlichen Vergnügen den Rücken kehren, wenn wir auf unserem Weg zu Gott fortschreiten wollen.

Wie hängen "man making" (die Schulung zum Menschen) und die Spiritualität zusammen?

"Man making" ist ein fester Bestandteil der Spiritualität. Es besteht darin, die Eindrücke der Handlungen wegzuwaschen. Wenn dieser Vorgang abgeschlossen ist, haben wir unsere ursprüngliche göttliche Gestalt zurückerlangt.

Gibt es in der Terminologie der Heiligen den Begriff der Sünde, und falls ja, was bedeutet er?

Ja, diesen Begriff gibt es. Jede Handlung, die unsere Aufmerksamkeit von Gott ablenkt und sie an die Welt bindet, ist Sünde.

Werden wir für unsere schlechten Handlungen bestraft?

Ja, immer. Wir müssen die Früchte dessen ernten, was wir gesät haben.

Wenn gute und schlechte Taten uns gleichermaßen binden, was nützt es dann, ethisch zu leben?

Es geht nicht darum, gut oder schlecht zu handeln. Wir sind in dieser Welt und müssen daher handeln. "Ein leeres Gemüt ist des Teufels Werkstatt." Wir können in dieser Welt nicht untätig sein. Darüber hinaus stehen unsere Taten unter der Kontrolle des Schicksals. Manchmal sind wir nicht so frei zu handeln, wie wir vielleicht annehmen. In Wirklichkeit mag unser Handeln vom Schicksal vorgeschrieben sein. Wir sind manchmal aufgrund einer vergangenen Handlung zu einer bestimmten Tat gezwungen, ob sie nun gut oder schlecht ist.

Was ist Gewaltlosigkeit?

Töten ist Gewalt. Man muß den Pfad der Gewaltlosigkeit gehen, um auf dem Pfad der Spiritualität fortschreiten zu können. Im umfassenderen Sinn ist es auch ein Akt der Gewalt, die Gefühle eines anderen zu verletzen; und schlecht über jemanden zu denken, ist Gewalt in Gedanken.

Was ist Wahrhaftigkeit oder die wahre Lebensweise?

Wahrhaftigkeit heißt, die Wahrheit zu sagen. Wahrhafte Lebensweise bedeutet, daß unsere Gedanken, Worte und Taten übereinstimmen. Wenn

wir mit dem Herzen empfinden, was wir mit
Worten oder Taten ausdrücken, dann ist das
die wahrhafte Lebensweise.

Was bedeutet Liebe für alle?

Es bedeutet, ohne den geringsten Unterschied
für alle Liebe zu haben.

Was ist selbstloses Dienen?

Wir sprechen von selbstlosem Dienen, wenn wir
etwas ohne jeden Eigennutz tun. Wenn wir einen
selbstlosen Dienst leisten (z.B. in Form von
Spenden) und wir davon ausgehen können, daß
es dem oder den betreffenden Menschen hilft,
dann ist es ein selbstloser Dienst; wenn nun
jemand solche Mittel mißbraucht, dann ist es
dessen Schuld und nicht die des Gebers. Niemand
wird für Taten zur Rechenschaft gezogen, die
er nicht selber begangen hat. Nur wenn man
bewußt ein Unrecht unterstützt, hat man daran
teil.

Was ist Keuschheit?

Keuschheit bedeutet, keine Leidenschaft für das
andere Geschlecht zu haben, weder in Gedanken,
noch in Worten, noch in Taten.

*Raten die Meister angesichts der bedrohlichen
Bevölkerungszunahme zu künstlichen Verhütungs-
mitteln, oder lehnen sie diese streng ab?*

Die spirituelle Art der Empfängnisverhütung, wie
sie die Meister anraten, ist Enthaltsamkeit oder
Selbstkontrolle. Dies ist die beste Art. Dennoch
kann man die künstliche Empfängnisverhütung
als das kleinere Übel gegenüber der Bevölke-
rungsexplosion betrachten und akzeptieren. Sie
sollte aber nicht zur Freizügigkeit in sexuellen
Beziehungen mißbraucht werden.

Wenn Keuschheit als das bessere Mittel betrachtet wird, so erscheint dies doch als ein zu hoher moralischer Standard, um für die Menschen allgemein zu gelten?

Keuschheit wurde in der Vergangenheit als der angemessene Weg praktiziert; dies setzt die rechte Einsicht in das Problem voraus.

Wie können wir die rechte Unterscheidungskraft entwickeln?

Die rechte Unterscheidungskraft wird durch rechtschaffenes Denken entwickelt. Manchmal wissen wir nicht, was richtig und was falsch ist. Der Meister ist der Mensch, der es beurteilen kann, und so werden wir die Unterscheidungskraft entwickeln, indem wir entsprechend der Führung des Meisters handeln, ob er sie äußerlich oder innerlich gibt.
Wir sollten andere nicht kritisieren, da wir uns mit unserem Urteil täuschen können. Beim Meister aber ist das nicht möglich. Er beurteilt einen Menschen immer richtig, da ihm nichts verborgen ist, und so bildet er eine Ausnahme.

Wenn ein Initiierter die Gebote des Meisters nicht immer befolgt, muß dann der Meister dafür leiden?

Nein, der Meister muß nicht dafür leiden, aber er wird den Schüler, der die Gebote nicht hält, auf den rechten Weg bringen. Es gibt da viele Möglichkeiten. Wenn wir zum Beispiel an die weltlichen Dinge gebunden sind, dann trennt er uns davon. Dies gehört zu den Aufgaben des Meisters. Christus sagte, er sei gekommen, das Schwert zu bringen, also unsere Bindungen zu zerschneiden. Wenn wir darüber unglücklich sind, finden wir auf den Pfad des Meisters zurück.

Wenn ein Schüler nach der Initiation große Sünden begeht, was wird dann sein Schicksal sein?

Er wird die äußerst schweren Folgen tragen müssen. Davon gibt es keine Ausnahme.

Ist ein Schüler, der mit der Gnade des Meisters mehr als andere Menschen über das Ziel des Lebens weiß und darüber, wie es zu erreichen ist, in stärkerem Maße für sein Handeln verantwortlich als andere Menschen?

Ja, denn einer, der nichts weiß, kann sich auf seine Unwissenheit berufen, aber worauf kann sich einer berufen, der es weiß? Dennoch ist das Ergebnis dasselbe.

Ich bin initiiert, und aufgrund der Initiation habe ich in mir das Gefühl, daß ich jetzt alles tun kann, ohne dafür verantwortlich gemacht zu werden. Wie wird sich das auswirken?

Das ist eine gute Frage. Manchmal glauben wir, wenn wir die Initiation erhalten haben, könnten wir tun, was wir wollen. Aber das ist ein großer Irrtum. Von dem Augenblick an, wo der Meister in uns ist, führt er uns und überwacht jede unserer Handlungen. Und es gibt viele Zeugnisse dafür, daß der Meister die Initiierten in Träumen in der physischen Gestalt oder auch auf andere Art in der Astralform führt. Ich möchte ein Beispiel dazu erzählen. Ein Mann kam einmal zum Meister und bat ihn um die Initiation. Er war Alkoholiker, und als er zum Meister kam, sagte er zu ihm: "Ich bin bereit, mich Dir zu übergeben, Du weißt am besten, ob ich fähig bin, das Trinken aufzugeben, ich habe jedenfalls den Wunsch, es aufzugeben." Der Meister sagte, das sei in Ordnung und forderte ihn auf, niemals in der Gegenwart des Meisters zu trinken. Der Mann war damit einverstanden, denn er dachte, daß ja der Meister schließlich nicht immer dabei wäre, wenn er trinken würde. Er wurde initiiert und ging dann nach Hause. Dort nahm er ein Wasserglas in die Hand, holte eine Flasche Wein heraus und füllte das Glas. Als er jedoch gerade trinken wollte, sah er das Bild des Meisters im Glas. Er dachte, er bildete sich das nur ein, und achtete nicht weiter darauf, sondern wollte dennoch trinken. Aber als er das Glas an die Lippen setzte, begannen seine Hände zu zittern, das Glas fiel herunter, und er hatte Schnittwunden an der Hand. Nachdem er die Hand verbunden hatte, ging er zum Meister und bat ihn für seine Tat um Verzeihung. Der Meister sagte: "Du hattest versprochen, in meiner Gegenwart keine alkoholischen Getränke zu dir zu nehmen." Und der Mann erwiderte: "Ich hätte nie gedacht, daß Du mich überall und immer überwachen würdest!"

Gibt es irgendeine Sünde, die der Meister dem Schüler nicht vergeben kann?

Keine Sünde kann vergeben werden, wenn nicht der Meister mit dem Schüler ist und ihm die Kraft gibt, die Rückwirkungen seines Handelns zu ertragen. Mit der Hilfe des Meisters jedoch ist der Schüler fähig, die Auswirkungen ohne Schwierigkeiten zu ertragen. Kabir hat gesagt, daß der Meister wie ein Töpfer sei, der ein Tongefäß formt, indem er es von außen schleift und es innen mit seiner eigenen Hand stützt. Aber der Töpfer kann keine Zugeständnisse in bezug auf das Schleifen machen, da das Gefäß sonst nicht vollkommen würde.
Manchmal werden Handlungen beglichen, indem man ihre Rückwirkungen in Träumen erlebt. Dies ist ein Zugeständnis des Meisters, aber auf jeden Fall werden wir für alle Handlungen zur Rechenschaft gezogen, wie groß auch die Zugeständnisse sein mögen.

Wenn ein Schüler absichtlich gegen den Meister handelt, welche Folgen wird das für ihn haben?

Er wird dafür leiden müssen. Die Strafe kann sogar so schwer sein, daß er in eine niedere Schöpfungsart geboren werden muß. Dafür gibt es ein Beispiel in der Geschichte der Heiligen: Ein *sewadar* (einer, der im Werk des Meisters selbstlosen Dienst leistet) von Guru Sri Ram Das mußte eine Geburt als Tier annehmen, da er sich gegenüber anderen spirituell fortgeschrittenen Seelen schlecht benommen hatte.
Wenn schon keiner davon verschont bleibt, für seine Kritik oder sein schlechtes Benehmen gegenüber einem gewöhnlichen Menschen zu büßen, wie kann er dann ungestraft davonkommen, wenn er sich gegenüber dem Meister schlecht benimmt?

Was bedeutet es, gegen den Meister zu handeln?

Jeder Gedanke, jedes Wort und jede Tat, die andere gegen den Meister oder sein Werk beeinflussen, zählt dazu.

Wenn jemand seinen eigenen Meister liebt, aber gegen den Nachfolger seines Meisters ist, welche Rückwirkungen wird das haben?

Es ist dasselbe, als ob er gegen seinen eigenen Meister handeln würde, da es nur *eine* Meisterkraft gibt; und ein solches Verhalten zeigt, daß wir nicht einmal die grundlegenden Tatsachen über den Pfad des Meisters verstanden haben.

Kann uns denn nicht verziehen werden?

Es kann einem verziehen werden, wenn man gegen seinen eigenen Meister handelt, aber niemals wird uns unser eigener Meister vergeben, wenn wir gegen seinen Nachfolger sind. Daher raten uns die Meister immer, bevor wir handeln, darüber nachzudenken, was wir tun.

Wenn einem Initiierten eine verantwortungsvolle Arbeit im Werk des Meisters übertragen wird und dieser Initiierte bei der Arbeit Fehler macht, ist das die Verantwortung des Meisters oder die des Schülers?

Wenn der Schüler seine Arbeit mit aller Aufrichtigkeit tut und seine volle Aufmerksamkeit beim Meister hat, dann ist der Meister verantwortlich. Soamiji von Agra pflegte zu sagen: "Wenn du mich mit deiner ganzen Aufmerksamkeit liebst, dann wird alles andere meine Verantwortung sein." Wenn der Schüler jedoch bewußt und mit Absicht dem Meister den Rücken kehrt und dem Diktat seines Gemüts folgt, dann trägt er selbst die Verantwortung und die Konsequenzen seines Handelns.

Welches sind die Grundprinzipien auf dem Pfad des Meisters?

Liebe den Meister, denke immer an den Meister, und du wirst werden wie er.

Kannst Du erklären, warum Du – wie vor Dir Sant Kirpal Singh – rätst, ein spirituelles Tagebuch zu führen? Und könntest Du bitte erklären, wie es geführt werden sollte?

Ein spirituelles Tagebuch soll uns dabei helfen, Regelmäßigkeit in unserer Meditationsübung zu entwickeln und ein wachsames Auge auf unsere Gedanken, Worte und Taten zu halten. Wenn einem bewußt wird, daß man voller Sünden ist, dann versucht man, sich davon zu befreien. Wenn man sie nicht erkennt, dann ist man stolz und glaubt, man sei so rein wie ein Heiliger. Diejenigen, die entgegen der Anweisung des Meisters ihr Tagebuch nicht führen, wollen ihre Sünden verbergen, und der Grund dafür ist ihr Ego.

Warum ist Sexualität unvereinbar mit Spiritualität?

Wenn wir uns an die Welt binden, indem wir Freude aus ihr schöpfen, dann entfernen wir uns von Gott. 85 Prozent der Eindrücke, die wir in der Welt aufnehmen, gelangen über die Augen ins Bewußtsein, und sexuelle Eindrücke werden nicht nur durch die Augen, sondern auch durchs Gehör und den Tastsinn hervorgerufen und - nicht zuletzt - durch das Denken. Daher ist dies die mächtigste Kraft, die uns von Gott fernhält.

Ist der eheliche Verkehr ein Verstoß gegen das Keuschheitsgebot, der entsprechend im Tagebuch eingetragen werden muß?

Nein, das Gebot der Keuschheit, welches im spirituellen Tagebuch angeführt ist, betrifft nicht das eheliche Leben, sondern nur außereheliche Beziehungen. Davon abgesehen ist es aber sehr ratsam, auch sexuelle Beziehungen mit dem Ehepartner auf ein Minimum zu reduzieren, da wir sonst nicht spirituell fortschreiten können.

Einer, der die Initiation anstrebt, muß die vegetarische Ernährung einhalten und außerdem seine Lebensweise ändern. Wenn man nun verheiratet ist und der Partner nicht diesen Weg geht, wie soll man sich da verhalten?

Was die Diät betrifft, so hängt das vom jeweiligen lebenden Meister ab. Ich habe die Bedingungen so weit erleichtert, daß jemand die Initiation haben kann, wenn er sich entschließt, von jetzt ab die Diät einzuhalten. Mein Meister sagte gewöhnlich, daß man mindestens sechs Monate vorher bereits vegetarisch leben sollte. Das sollte nur sicherstellen, daß ihr, wenn ihr schon lange danach gelebt habt, es auch in

Zukunft einhalten werdet. Und ich setze so viel
Vertrauen in euch, daß ich euch glaube, wenn
ihr jetzt versprecht, es einzuhalten. Ich habe
also beschlossen, daß ihr die Initiation haben
könnt, wenn ihr erklärt, daß ihr euch von
heute an danach richten wollt.
Und was die Frage nach der Keuschheit betrifft,
so bezieht sich das auf außereheliche Beziehungen; das wird als ein Vergehen gegen das
Gebot der Keuschheit betrachtet.

Wird es sich auch nachteilig für mich auswirken, wenn ich für jemand anders Fleischspeisen zubereiten muß?

Wenn das eine Pflicht gegenüber Deiner Familie
ist, dann liegt darin kein Hindernis; aber Du
solltest es nicht selber essen.

*Würdest Du bitte erklären, warum Du eine vegetarische Ernährung vorschreibst, die auch
den Verzicht auf Eier einschließt?*

Die Zusammensetzung der nicht-vegetarischen
Speisen einschließlich Eiern ist nicht im Einklang mit dem spirituellen Pfad. Sie hat eine
erregende Wirkung auf unser Gefühlsleben.

*Was bedeutet die Lehre vom Sündenfall und von
der Erbsünde, von denen die Bibel spricht?*

Ich verstehe die Frage nicht, aber möchtest
Du wissen, was mit den Sünden ist, die wir
nicht selbst begangen haben, sondern die uns
vererbt wurden?

*Ich denke an die Sünden vom Anbeginn der
Schöpfung, nach dem Sündenfall des Menschen.
Ist das die Ursache dafür, daß wir jetzt in
der Sünde leben?*

Nein, nein. Wenn ein Mensch eine Handlung begeht, dann ist er dafür verantwortlich. Die Bibel gibt dazu ein Gleichnis: Weil er nicht nach den Geboten gelebt hat, muß Adam die Auswirkungen davon auf sich nehmen. Nur derjenige, der eine Tat begangen hat, ist verantwortlich, sonst niemand. Und dies wird nicht "vererbt."

Meine Frage bezog sich noch mehr auf den Urbeginn der Schöpfung - vor der Erschaffung des Menschen, also die Sünde oder den Fall im Geiste.

Zuerst war die Schöpfung da, und dann kam die Seele in die Welt - in der Gestalt des Menschen. Und dann begann sie zu handeln. Wenn nicht vorher bereits die Schöpfung dagewesen wäre, wie hätte Adam dann gegen Gottes Gebote verstoßen können? Schließlich bestand sein Ungehorsam darin, daß er etwas Materialistisches tat. Daraus geht klar hervor, daß die Schöpfung bereits da war.

Die Meister predigen immer die Wunschlosigkeit. Ist es nicht eine Illusion zu glauben, man könne völlig wunschlos sein? Und ist das nicht lebensfeindlich?

Nein, das ist die wahre Lebensweise. Wenn wir das verwirklichen, dann werden wir in unserem Leben immer mehr Frieden, Glück und Sorglosigkeit empfinden, und daher ist es der richtige Weg.

Manche Menschen behaupten, diese Welt sei nicht wirklich, sondern nur ein Traum.

Wenn damit gemeint ist, daß sie nicht existiere, dann ist das ganz und gar falsch. Aber alles in dieser Welt verändert sich ständig. So bleibt sie nie die gleiche, und es ist eine Illusion, sie für beständig zu halten.

Warum hat Gott all die schönen Dinge in der Welt geschaffen, wenn sie nur eine Versuchung darstellen, der man widerstehen muß?

Die Versuchung ist keine Eigenschaft der Dinge selbst, sondern erwächst aus unserer Bindung daran. Wenn wir nahrhafte Speisen essen, dann ist das gut für unsere Gesundheit. Wenn wir uns aber an ihren Geschmack binden, dann steigert das in keiner Weise ihren Gesundheitswert, wird uns aber zu anderen Zeiten unglücklich machen, wenn wir nicht dieselben Speisen haben können. Genauso sind auch schöne Dinge nicht schlecht, solange wir uns daran nicht binden.

Empfänglichkeit

Was ist Empfänglichkeit?

In der spirituellen Wissenschaft bedeutet Empfänglichkeit die Empfänglichkeit für Gott oder Gott im spirituellen Meister. Sie bezeichnet also unsere spirituelle Entwicklungsstufe, die im umgekehrten Verhältnis zu den weltlichen Eindrücken steht, welche unsere Seele bedecken.

Was ist Hingabe, und wie hängt sie mit der Empfänglichkeit zusammen?

Empfänglichkeit führt zu Hingabe – der vollständigen Hingabe an das Ziel des Lebens, und sie ist das Mittel, um dieses Ziel zu erreichen. Guru Arjan Dev, der fünfte Guru in der Geschichte der Sikhs, sagte, daß er sein ganzes Leben einem Menschen weihen wolle, der ein wahrer Gottsucher sei. Das ist nur dadurch zu erklären, daß Hingabe eine große Hilfe für den spirituellen Fortschritt ist. Spiritualität und Hingabe hängen eng zusammen.

Warum wird die Beziehung zwischen Meister und Schüler als einmalig betrachtet?

Sie ist einmalig, weil es in der ganzen Welt keine so selbstlose Liebe gibt wie die des Meisters zu seinem Schüler. Die Liebe des Schülers zum Meister ist die Erwiderung. Ihr mögt in jeden Winkel der Welt sehen, aber ihr werdet nicht ein einziges Beispiel dafür finden, daß jemand einen anderen sein ganzes Leben lang frei von selbstischen Beweggründen liebt. In jeder anderen Beziehung mag es zwar Impulse selbstloser Liebe geben, aber es ist nie für ein ganzes Leben. Deshalb wird diese Beziehung als einmalig angesehen.

Wie können wir uns davor hüten, den Meister als einen gewöhnlichen Menschen zu betrachten?

Indem wir ihn als das Leben unseres Lebens betrachten. Wenn wir weltliche Dinge zwischen uns und dem Meister stehen lassen, dann ist unsere Aufmerksamkeit bei den weltlichen Dingen, und wir gehen in die falsche Richtung.

Welche Art der Liebe sollten wir zum Meister haben?

Wir sollten den Meister um Gottes willen lieben. - um seinerselbst willen und aus keinem anderen Grund.

Es wurde einmal gesagt, daß einer, der den Meister liebt, alle liebt. Aber gleichzeitig ist auch darauf hingewiesen worden, daß einer, der den Meister liebt, keinen anderen lieben kann. Kannst Du bitte diesen scheinbaren Widerspruch erklären?

Einer, der den Meister liebt, liebt alle, aber nur um des Meisters willen. Einer, der andere aus irgendeinem anderen Grund liebt, ist auf dem falschen Weg.

Wie können wir unser Denken von allen fremden Gedanken befreien, so daß der Meister allein in unserem Herzen ist?

Indem wir unsere Aufmerksamkeit die ganze Zeit beim Meister haben, uns an ihn erinnern, an ihn denken und über ihn sprechen.

Wenn wir während des Tages an Gott denken, soll das immer mittels der fünf heiligen Namen geschehen?

Nein, es ist nicht unbedingt nötig, ständig die heiligen Namen zu wiederholen. Wenn Du einfach an Gott denkst, dann ist auch das von Hilfe. Und wenn Du in der Lage bist, die fünf heiligen Namen zu wiederholen, ist das immer segensreich.

Ist das Denken an den Meister während des Tages dasselbe wie der Simran (das Wiederholen der kraftgeladenen Namen, die der Meister bei der Initiation gibt)?

Wenn man während des Tages die heiligen Namen wiederholt, dann ist die Aufmerksamkeit an die Gotteskraft gebunden. An den Meister zu denken, ist dasselbe wir Simran, wenn die Aufmarksamkeit *ganz* auf den Meister gerichtet ist.

Was geschieht mit einem Schüler, dem der Meister gleichgültig ist?

Er hat nicht den Vorteil, den er hätte, wenn er mit dem Meister in Verbindung wäre. Außerdem hat er den Nachteil, daß er für die Handlungen leiden muß, die er im Zustand der Gleichgültigkeit begeht. Wenn er dann auch noch den Meister kritisiert, kann es sogar sein, daß er in eine niedere Schöpfungsart gehen muß. Ein sicherer Nachteil ist aber, daß er auf dem spirituellen Pfad nicht fortschreiten kann.

Was sind die Anzeichen dafür, daß jemand eine vorherrschende Leidenschaft für Gott oder den Meister hat, und wie kann man das erreichen?

Er spricht über den Meister, denkt an den Meister und ist mit seiner Aufmerksamkeit beim Meister, und das erreicht man durch regelmäßige Übung.

Stehen dem Meister alle Schüler gleich nahe?

Nein, es gibt nahe Schüler und weniger nahe Schüler, und dies hängt von ihrem Grad der Empfänglichkeit ab.

Was bedeutet es, vollkommenes Vertrauen zum Meister zu haben?

Vollkommenes Vertrauen zum Meister heißt, daß wir seine Worte als unumstößlich nehmen, daß wir uns nicht vom Verstand in Versuchung führen lassen, am Meister zu zweifeln oder gar ihn zu verlassen.

Was bedeutet es, alle Sorgen und alles andere dem Meister zu übergeben?

Es bedeutet, daß wir unsere Pflicht tun und uns nicht um den Erfolg kümmern; denn wenn wir uns an den Erfolg binden, sind Vergnügen, Ego, Ärger und Gier die Folge. Wenn wir uns aber von den Ergebnissen frei machen, werden wir in der Welt, aber nicht von der Welt sein.

Ist es leichter, in der physischen Gegenwart des Meisters Empfänglichkeit zu entwickeln oder in der Trennung von ihm?

Das hängt von den Umständen ab. Manchmal entwickelt sie sich besser in der Trennung - aber nur dann, wenn wir mit unserer Aufmerk-

samkeit beim Meister sind, und sie kann sich
weniger in der physischen Gegenwart des Meisters entwicklen, wenn wir mit unserer Aufmerksamkeit woanders sind. Empfänglichkeit entwicklt
sich durch Aufmerksamkeit. Die Aufmerksamkeit
wird nicht wesentlich durch die physische Gegenwart unter Kotrolle gehalten, obwohl diese
zweifellos einen günstigen Einfluß hat.

*Was bedeutet es, alles dem Meister zu übergeben
oder sein Gemüt dem Meister zu Füßen zu legen?*

Wenn wir sagen, daß wir alles dem Meister
übergeben, dann bedeutet dies, daß wir die
weltlichen Dinge nicht für unser Eigentum halten und daß wir mit seinem Willen und Wohlgefallen zufrieden sind. Und wenn wir alle
Dinge als Eigentum des Meisters betrachten,*)
dann sind wir in der Lage, uns seinem Willen
zu überlassen. Diese Haltung können wir nur
dann entwickeln, wenn wir festen Glauben an
den Meister haben.

*In den Schriften heißt es häufig, daß es viele
gibt, die dem Meister ihren Besitz übergeben
können, und auch viele, die ihm den Körper
übergeben können, daß es aber sehr schwer
ist, das Gemüt zu übergeben. Wie kommt es,
daß das so schwer ist, und wie kann man es
dennoch erreichen?*

Es ist leicht, den Besitz und danach den Körper
zu übergeben. Da das Gemüt aktiver ist, fällt
es schwerer, dieses zu übergeben. Dem stimme
ich zu. Wenn wir uns dennoch ihm überantworten
und ihn um Hilfe bitten, dann wird der Meister
die Kontrolle über unser Gemüt übernehmen. Wir
sind nicht aus eigenem Antrieb zu einer solchen

---

*) Natürlich nimmt ein vollendeter Meister nicht das Geringste
vom Besitz seiner Schüler für sich an. Es geht nur darum, daß
sich der Schüler **innerlich** von den Dingen löst.

Hingabe fähig. Nur das Gebet kann uns dabei helfen.

Kannst Du bitte die Beziehung zwischen Selbstdisziplin und Selbsthingabe erklären?

Selbstdisziplin ist nicht so gut wie Selbsthingabe. Selbsthingabe ist eine höhere Stufe, da wir uns dann der höchsten Macht überantworten und unter ihrer Kontrolle sind. Selbstdisziplin ist eine Kontrolle durch das Gemüt und den Intellekt und kann daher auch weltliche Bindungen widerspiegeln.

In Heart to Heart Talks sagt Sant Kirpal Singh, daß Meditation und das Denken an den Meister nicht das Gleiche seien. Du hast aber zu mehreren Menschen gesagt, es sei das Gleiche. Wie ist das zu verstehen?

Meditation und Denken sind nicht dasselbe. Aber Meditation und mit seiner Aufmerksamkeit beim Meister zu sein, ist dasselbe. Wenn wir denken, dann ist unsere Aufmerksamkeit zum Teil beim Meister und zum Teil bei den weltlichen Angelegenheiten, mit denen wir ihn in Beziehung setzen. Denken geschieht mit dem Gemüt. Wenn das Denken aufhört, ist es Meditation. Wenn wir mit unserer Aufmerksamkeit beim Meister sind, dann hört das Gemüt auf zu arbeiten, und das ist Meditation.

Ich habe gehört, daß ein empfänglicher Schüler nur das sagt, was auch der Meister gesagt hätte. Stimmt das?

Ja, oder man kann auch sagen, daß der Meister durch ihn spricht, da er zum Sprachrohr Gottes (oder des Gottmenschen) wird.

Wie ist es möglich, in dieser Welt alle unsere Pflichten zu erfüllen und trotzdem mit unserer Aufmerksamkeit beim Meister zu sein?

Habe die Erinnerung an den Meister im Herzen, und dann wird der Meister so viel von deiner Aufmerksamkeit auf die Arbeit lenken, wie er es für angemessen hält.

Die Meister sagen gewöhnlich, daß ein Drittel der Lehren durch Worte vermittelt wird und zwei Drittel durch die Augen, wenn der Schüler empfänglich ist. Wie ist das zu verstehen?

Der Meister überträgt die geladene Kraft durch die Augen, da der Lebensimpuls durch Leben gegeben wird. Das Leben wirkt hinter den Augen, und daher können sie die Botschaft des Lebens übertragen. Worte haben nicht so viel Kraft.

Meister Kirpal Singh betonte, daß wir immer fröhlich sein sollten. Aber wie können wir fröhlich sein, wenn wir vom Meister getrennt sind und uns nach ihm sehnen?

Wir können nur dann fröhlich sein, wenn wir nicht von Sorgen beeinträchtigt sind. Wir können nur dann frei von Sorgen sein, wenn wir das Ergebnis unseres Handelns dem Meister überlassen. So ist dies dieselbe Botschaft wie: Tut eure Pflicht und überlaßt alles übrige dem Meister, damit ihr nicht in der Welt verhaftet seid – dann seid ihr beim Meister und nicht von ihm getrennt.

Meditation

Was ist Konzentration, und was ist Meditation?

Konzentration besteht darin, das Gemüt oder das Denken abzuschalten, und Meditation ist das Erheben über das Körperbewußtsein und die Verbindung mit der Manifestation Gottes im Innern.

Welches sind die Voraussetzungen für gute Ergebnisse in der Meditation?

Überlasse alles dem Meister, halte dein Gemüt leer, richte deine Aufmerksamkeit ununterbrochen auf die Stelle in der Stirn zwischen den Augenbrauen, und fahre damit fort, die heiligen Worte zu wiederholen. Die ständige Erinnerung an den Meister und das Denken an ihn während des Tages sind auch von großer Hilfe in der Meditation.

Ist die Erfahrung, die wir in der Meditation haben, unseren eigenen Anstrengungen zuzuschreiben?

Nein, Anstrengung wird vom Gemüt gelenkt. Wenn das Gemüt stillsteht, dann ist keinerlei Anstrengung im Spiel.

Besteht eine direkte Beziehung zwischen der Zeit, die wir für die Meditation einsetzen und unserer inneren Erfahrung?

Nein, die Erfahrung ist unmittelbar abhängig von unserer Loslösung von den weltlichen Dingen. Wenn man an die Welt gebunden ist, dann werden selbst viele Stunden Meditation nicht helfen.

Welche Bedeutung kommt der Hingabe an Gott oder an den Meister in bezug auf die Meditation zu?

Wenn wir Hingabe haben, dann sind wir von anderen Dingen losgelöst, da das Gemüt sich nur an eine Sache zur gleichen Zeit hingeben kann. "Man kann nicht zwei Herren auf einmal dienen", ist ein grundlegendes Gesetz. Daher ist Hingabe an Gott oder den Meister eine große Hilfe für die Meditation.

Warum sollen die beiden Praktiken – die des Lichts und des Tons – geübt werden, wenn doch beide eins sind?

Das Licht führt uns bis zu einem bestimmten Punkt auf den höheren Ebenen, und danach übernimmt der Ton die Führung. Daher ist es unerläßlich, daß man beides entwickelt. Sonst geschieht es, daß man für einige Zeit im Dunkeln tappt, sobald das Licht uns nicht weiterführt.

Was sollen wir tun, wenn in der Meditation Gedanken aufkommen?

Man sollte darauf achten, daß man die heiligen Worte wiederholt, denn wenn die Aufmerksamkeit mit der Wiederholung dieser Worte beschäftigt ist, wird das Gemüt daran gehindert, aktiv zu werden.

Wenn wir im Kino oder Fernsehen einen Film sehen, wie wirkt sich das auf die Meditation aus?

Alles, was wir sehen und hören, hinterläßt einen Eindruck in uns. Wenn wir einen Film sehen, dann sind wir in kurzer Zeit mehr Eindrücken ausgesetzt als gewöhnlich, da in einer so kurzen Zeitspanne so viele Dinge auf uns einströmen. Auf diese Weise häufen sich die Eindrücke in einem großen Ausmaß an. Das wirkt sich ungünstig auf den spirituellen Fortschritt aus.

Wie können wir verhindern, daß bei der Meditation Schlaf aufkommt?

Indem wir unsere Aufmerksamkeit auf die Stirn zwischen den beiden Augenbrauen richten. Um Schläfrigkeit zu verhindern, können wir ein bißchen Wasser trinken oder das Gesicht waschen, bevor wir uns hinsetzen, aber der Hauptgrund für Schläfrigkeit liegt darin, daß die Aufmerksamkeit vom Augenzentrum abgelenkt wird.

Was sollten wir tun, wenn während der Ton-Übung das Licht mehr Anziehungskraft entwickelt und umgekehrt?

Das, was mehr Anziehungskraft besitzt, wird ganz von selbst unsere Aufmerksamkeit anziehen; wir brauchen nur von außen losgelöst zu bleiben. Im allgemeinen zieht der Ton die Aufmerksamkeit mit größerer Kraft an.

Was sollen wir tun, wenn wir den Ton von der linken Seite hören?

Nicht länger auf den Ton hören, sondern sich der Sehübung widmen.

Wie können wir die Neigung im Gemüt überwinden, die eine oder andere Erfahrung haben zu wollen?

Nur durch die korrekte Übung: Halte dein Gemüt

leer, überlasse alles der Meisterkraft und stelle dir nichts vor - nur auf diese Weise können wir die Neigung überwinden, etwas haben zu wollen.

Hat es einen unmittelbaren Einfluß auf unsere Meditation an diesem Tag oder am nächsten Morgen, wenn wir etwas Schlechtes tun - zum Beispiel Fleisch essen oder einen Menschen beleidigen - oder hängt die Erfahrung eher vom allgemeinen geistigen Zustand des Schülers ab, der normalerweise bei ihm vorherrscht?

Jede schlechte Handlung hat eine *unmittelbare* Wirkung, indem sie die Geistesverfassung des Schülers vollkommen in Aufruhr bringt. Dies wird unsere Meditation danach unmittelbar beeinträchtigen.

Sant Kirpal Singh gab gewöhnlich den Rat, uns in der Haltung eines kleinen Kindes zur Meditation zu setzen oder wie ein Bettler an der Tür eines reichen Mannes. Kannst Du bitte erklären, wie das gemeint ist?

Es bedeutet, daß wir nicht an unsere eigene Anstrengung denken, sondern uns vollständig dem Meister überlassen sollten. Genauso kann auch ein Kind nicht an seine eigenen Anstrengungen denken, sondern es verläßt sich ganz und gar auf seine Mutter.

Wenn wir beim Hören auf den Tonstrom mehrere Töne hören, ist es dann richtig, immer dem höchsten Ton zu folgen?

Wenn Du Deine Aufmerksamkeit darauf gerichtet hast, dann wirst Du automatisch auf den höchsten Ton hören. Und dann werden alle anderen Töne von selbst verschwinden.

Welches ist der höchste Ton? Ist das der lau-

teste, oder was ist damit gemeint?

Nein, es geht nicht um laut oder leise. Man nennt den Ton den höchsten, der sich deutlich abhebt. Und je weiter wir uns in die höheren Ebenen erheben, desto anziehender werden die Töne, desto mehr Freude empfinden wir, indem wir sie hören.

Wie kommt es, daß wir den Ton manchmal ohne viel Mühe deutlich hören können und dann wieder, trotz gleicher Konzentration, weniger laut und klar?

Wenn wir mehr weltliche Eindrücke aufgenommen haben, dann kann es kommen, daß wir weniger hören...und auch weniger Erfahrung in der inneren Schau haben.

Woran liegt es, wenn man den **Simran** *im Rhythmus des Herzschlags oder des Atems übt, und wie kann man das verhindern?*

Wenn wir den Simran mit dem Atem üben, dann liegt das daran, daß wir unsere Aufmerksamkeit nicht auf die Stelle zwischen den Augenbrauen konzentrieren. Wenn wir unsere Aufmerksamkeit auf diese Stelle richten, dann denken wir nicht an den Atem.

In den Schriften ist vom Gebet und vom **Simran** *die Rede. In welcher Beziehung stehen beide zueinander? Ist der* **Simran** *in jedem Fall dem Gebet vorzuziehen?*

Was den *Simran* und das Gebet betrifft, so ist das Entscheidende, mit wieviel Hingabe oder Aufmerksamkeit wir beides verrichten. Wenn wir bei unseren Bemühungen mehr Erfolg haben möchten, dann wird uns das Gebet helfen. Das Gebet ergänzt die Meditation. Wenn wir aber nur beten und uns nicht bemühen, dann nützt das Gebet nichts. Wenn wir uns hingegen nach dem Gebet ehrlich bemühen und Zeit einsetzen, dann ist es sehr hilfreich. Daher wird immer betont, daß die Meditation sehr wichtig ist, da Gott jenen hilft, die sich selbst helfen.

Wenn wir das Licht im Innern sehen und den inneren Ton hören, wie können wir dann wissen, daß dies die Ausdrucksformen Gottes sind und daß sie nicht aus dem Gemüt kommen?

Wenn das Gemüt nicht aktiv ist, dann ist es keine Hervorbringung des Gemüts. Wenn es aus dem Gemüt kommt, wird unsere Aufmerksamkeit nach unten gehen, so daß wir die Geräuche draußen hören, wie auch Hitze und Staub und alles andere wahrnehmen.

Kann ein Schüler die innere Vision des Meisters auch dann noch erlangen, wenn der Meister seinen physischen Körper verlassen hat?

Ja, das ist möglich. Es gibt Beispiele von Menschen, die vom Meister initiiert wurden und die innere Schau zu jener Zeit nicht hatten, den Meister aber jetzt im Innern sehen. Und es gibt auch ein Beispiel von Baba Jaimal Singh. Fünf Minuten bevor er den Körper für immer verließ, kam ein Mann und wurde von ihm initiiert. Und als jemand den Meister fragte, wer sich nun um ihn kümmern werde, antwortete er: Der Meister ist immer mit ihm. Wenn ein Meister eine Seele initiiert hat, ist er immer mit der Seele. Und der Schüler kann die Schau des Meisters auch dann noch haben, wenn der Meister den physischen Körper verlassen hat.

Kann man auch ohne die Initiation durch den lebenden Meister Erfolg in der Meditationspraxis haben, die die Meister lehren?

Nein, man kann sich nicht aus eigener Kraft
konzentrieren. Der Pfad des Meisters ist ein
rein geistiger Pfad, bei dem man sich weder
auf äußere Gegenstände, noch auf Vorstellungen
konzentriert, sondern allein auf die innere Offenbarung Gottes. Diese Offenbarung wird nur
dadurch gegeben, daß der Meister seine Seele
mit der Seele des Schülers verbindet. Selbst
wenn ein Adept aufgrund seiner spirituellen
Praxis in früheren Lebensläufen eine gewisse
Erfahrung von Licht und Ton hat, so kann er
ohne die Initiation durch den lebenden Meister
keinen Fortschritt machen. Darüber hinaus kann
es sein, daß wir die Übung falsch ausführen,
wenn wir uns dabei auf die Überlieferung der
heiligen Schriften stützen, weil wir diese schriftlichen Äußerungen oftmals falsch verstehen; und
so kann es zu Kopfschmerzen und anderen Beschwerden führen, ohne einen Nutzen zu haben.
Die wirkliche Meditation ist eine Gottesgabe, die
man vom lebenden Meister erhält.

Erlösung

Was ist Erlösung?

Wenn unsere Seele mit Gott eins ist und nicht in irgendeiner Form wiedergeboren werden muß, das heißt vom Kreislauf der Geburten und Tode befreit ist, dann wird das Erlösung genannt.

Erlangt man die Erlösung nur mit der Hilfe des vollendeten Meisters?

Ja, wir können die Erlösung erlangen, indem sich unsere Seele mit Gott verbindet. Jene, die Gott im Innern erfahren haben, sagen, daß niemand Gott ohne die Führung des vollendeten Meisters erfahren kann. Und daher erlangt man die Erlösung nur unter der Führung des vollendeten Meisters.

Erlangt man die Erlösung nach dem Tod?

Ja, wenn die Seele den Körper verläßt und von allen Eindrücken frei ist. Statt wieder in die Welt zu kommen, steigt sie auf und verschmilzt mit Gott. Dann ist ihre Reise für immer beendet. Während des Lebens wird einer, der vom vollendeten Meister initiiert wurde und nach seinen Geboten lebt, nach und nach von allen Eindrücken gereinigt, so daß er schließlich unberührt von der ihn umgebenden Atmosphäre in der Welt lebt. Er empfindet weder Freude noch Unglück in der Welt, und wenn die Seele alle Handlungen abgegolten hat, welche sie in dieses Leben – in diesen Körper – brachten, dann erlangt sie die Erlösung.

Gibt es Stufen auf dem Weg zur Erlösung, und wenn ja, welche?

Es gibt Stufen beim spirituellen Fortschritt, und die Meister haben immer von fünf Stufen oder Ebenen gesprochen. Aber die Verschmelzung der Seele mit Gott beginnt erst nach Vollendung der fünften Ebene, und daher gibt es keine Stufen der Erlösung, sondern nur Stufen im spirituellen Fortschritt.

Wenn die strahlende Form des Meisters jedem Schüler in der Todesstunde erscheint, wie ist es dann irgendeinem Schüler möglich, an die weltlichen Dinge zu denken und dadurch wieder in die Welt kommen zu müssen?

Er mag vielleicht nicht an die weltlichen Dinge denken, aber solange er die Reise nicht abgeschlossen hat, trägt er noch die angesammelten Handlungen früherer Lebensläufe mit sich und wird daher noch nicht die Erlösung erlangen. Erst wenn er die dritte Ebene erreicht hat und in den *mansarovar* (spirituellen See) eingetaucht ist – erst dann kann er die Erlösung haben. Und selbst wenn man davon absieht, daß die angesammelten Handlungen noch Frucht tragen müssen, sollten wir nicht außer acht lassen, daß der Meister – entsprechend der spirituellen Entwicklungsstufe des Schülers – in unterschiedlicher Form erscheint. Er kann mit einer geringeren Strahlkraft auf den niederen Stufen erscheinen, um den Schüler seiner Gegenwart und seines Schutzes zu versichern, was dann erst im tatsächlichen Augenblick des Todes geschieht. Das läßt dem Schüler Zeit, vorher weltliche Gedanken zu haben, welche darüber entscheiden, daß er wiedergeboren werden muß. Wenn der Meister einem weiter fortgeschrittenen Schüler in seiner Astralform erscheint, dann ist darin so viel Zauber, daß weltliche Dinge für den Schüler keinerlei Anziehungskraft mehr besitzen. In diesem Fall nimmt der Meister die Seele direkt durch alle drei Ebenen hindurch (wonach sie vor dem Zugriff von Kal oder der negativen Kraft sicher ist) und führt sie schließlich in ihre wahre Heimat, zu Gott.

Wenn jemand zum Zeitpunkt des Todes noch nicht die strahlende Form des Meisters im Innern erreichen konnte, aber ein starkes Verlangen danach hat, wird er sie dann nach dem Tod erreichen?

Wenn jemand den Wunsch danach hat, dann wird er es bekommen. In der Bibel steht: "Klopfet an, so wird euch aufgetan." So mag es daran liegen, daß wir nicht anklopfen. Hat aber jemand in diesem Leben nicht die strahlende Gestalt des Meisters erreicht, obwohl er vom vollendeten Meister initiiert wurde, dann wird er im nächsten Leben wieder die Initiation bekommen. Die Erfahrung, die man in diesem Leben erworben hat, wird nicht verloren gehen. Sie bleibt in der Seele. Und im nächsten Leben wird man von diesem Punkt ab weitermachen.

Was bedeutet es, innen anzuklopfen?

Innen anzuklopfen bedeutet, unser Bemühen in die rechte Richtung zu lenken. Es ist der Prozeß, bei dem wir Empfänglichkeit entwickeln und den Geboten des vollendeten Meisters zu gehorchen lernen. Das ist ein langer Prozeß. Wenn jemand zum Beispiel sein ganzes Leben lang versucht hat zu meditieren, aber in der Todesstunde an weltliche Freuden denkt, dann muß er wiedergeboren werden. *Daher werden Konzentration und Meditation als eine Lebensaufgabe betrachtet.* Wir müssen unser Leben so gestalten, daß es unserem spirituellen Fortschritt dient. Das mag zuweilen zwei bis drei Lebensläufe in Anspruch nehmen. Aber was wir in einem Leben getan haben, das nehmen wir mit ins nächste Leben, und es wird dann Frucht tragen.

Ich möchte noch einmal genauer wissen, was geschieht, wenn man das Ziel nicht in diesem Leben erreicht hat. Es gibt Leute, die von einer großen Auflösung der Welt sprechen.

Du meinst in der nahen Zukunft? In einem oder zwei Jahren? So viel steht fest: Die Welt wurde vor zwei Milliarden Jahren geschaffen, und sie wird noch mindestens weitere zwei Milliarden Jahre weiterbestehen. Wir werden also nicht einfach in einem Jahr alle sterben. Wir haben noch einen langen Weg vor uns.

Was geschieht mit denen, die jetzt, in diesem Eisernen Zeitalter,*) den menschlichen Körper bekommen haben, ihn aber nicht im Goldenen Zeitalter bekommen können? Was wird aus ihrem spirituellen Fortschritt?

---

*) Im religiösen Schrifttum stößt man häufig auf eine Einteilung der Menschheitsgeschichte in große Zyklen, die in ihrer Abfolge als Goldenes, Silbernes, Kupfernes, Eisernes Zeitalter bezeichnet werden. Diesen wie auch sinnverwandten Begriffen wie **Sat Yug** (Zeitalter der Wahrheit)...**Kal Yug** (Zeitalter der negativen Kraft, liegt die Auffassung zugrunde, daß sich die Menschheit in einem Zyklus von vielen Jahrtausenden jeweils von der Wahrheit immer weiter entfernt und sich in gleichem Maß mit der Materie identifiziert und moralisch absinkt. Nach einer oder mehreren Katastrophen beginnt nach dem Tiefpunkt wieder ein neuer Zyklus mit einem neuen Goldenen Zeitalter, in dem nur geistig hochentwickelte Seelen einen menschlichen Körper haben, andere, weniger hochstehende Seelen sich jedoch

Es gibt kein Eisernes Zeitalter und Goldenes Zeitalter. Wir haben diesmal die Initiation erhalten, und wenn wir die Erlösung nicht in diesem Leben erlangen konnten, dann werden wir im nächsten Leben wieder die Initiation bekommen und da wieder anknüpfen, wo wir jetzt aufgehört haben.

Ist es nicht eine Frage des Bewußtseins oder der Schwingung eines Menschen, ob man in diesem oder jenem Zeitalter wiedergeboren werden kann? Ich stelle die Frage, weil wir, wenn wir den menschlichen Körper nicht im Goldenen Zeitalter bekommen können, da unser Entwicklungszustand zu niedrig ist, eine sehr lange Zeit warten müssen, bis wir wieder diese Chance haben. Und es heißt ja auch in den Schriften, daß dies eine goldene Gelegenheit ist und wir nicht wissen, wann wir wieder eine solche Gelegenheit haben werden.

Welches Goldene Zeitalter? - Ich möchte eines klar machen: es gibt kein Goldenes Zeitalter. Wenn wir mit einem Minderwertigkeitskomplex leben, dann sagen wir, daß wir im Eisernen Zeitalter leben, und wenn wir einen "Überwertigkeitskomplex" haben, dann sagen wir, daß wir im Goldenen Zeitalter leben. Wenn wir mit einem vollendeten Meister in Verbindung kommen, dann können wir sagen, daß wir die goldene Gelegenheit haben. Daher können wir auch sagen, daß in ein und demselben Zeitalter ein Mensch die goldene Gelegenheit hat und ein anderer nicht.

Im *Sar Bachan* von Soamiji aus Agra steht, daß es vier Zeitalter gibt, die nach ihrer Dauer eingeteilt werden: Sat Yug, Kal Yug usw. bezieht sich jeweils auf eine bestimmte Zeitspanne, nicht auf ein Goldenes oder Eisernes Zeitalter;

---

in einer niederen Form inkarnieren müssen. Nach dieser Auffassung befinden wir uns gegenwärtig am Ende des Kal Yug.

die Bezeichnungen leiten sich von der Zahl der
Jahre ab, die diese Zeitalter bilden; es sind
also Zeit-Zyklen. Das ist genauso, wie wir die
ersten zwölf Stunden 'Tag' nennen und die
nächsten zwölf Stunden 'Nacht'; wir können
nicht sagen, daß der Tag gut und die Nacht
schlecht ist. Die Zeit wurde in Jahre eingeteilt
und die Jahre in 'yug'. Das ist lediglich die
Zeiteinteilung in der Hindu-Tradition.

Warum wird dann das Goldene Zeitalter **Sat Yug**
*genannt, von dem es heißt, daß darin die Wahrheit überwiegt? Und entsprechend heißt es vom
Eisernen Zeitalter, daß darin die Materie überwiegt und das Gemüt nach unten geht. Was hat
das zu bedeuten?*

In allen Zeitaltern hat es die Wahrheit und
auch anderes gegeben. Es ist nur ein Name für
diese Zeit. Wenn zum Beispiel ein ungebildeter
Mann Vidya Sagar heißt, was soviel bedeutet
wie "Meer der Bildung", dann bedeutet das noch
nicht, daß er tatsächlich gebildet ist. So bedeutet der Name eines Zeitalters wir Sat Yug
nicht, daß darin die Wahrheit vorherrscht. Und
Kal Yug bedeutet nicht, daß es darin nur die
negative Kraft gibt. Wir haben auch in diesem
Zeitalter die positive Kraft – wir haben die
vollendeten Meister. Umgekehrt brauchte man
auch in jenem Zeitalter vollendete Meister. Wäre
zu jener Zeit alles ideal gewesen, hätte keine
Notwendigkeit für einen vollendeten Meister bestanden. Ich habe gerade ein Beispiel von einem
ungebildeten Mann gegeben, der Vidya Sagar
heißt. Obwohl er diesen Namen trägt, ist er
dennoch ungebildet. Wenn ein Zeitalter *Sat Yug*
genannt wird, dann heißt das genauso wenig,
daß darin alles in Ordnung ist. Zu allen Zeiten
war das so. Soamiji hat gesagt: "In keinem
Zeitalter konnte man die richtige Art der Meditation kennen, es sei denn von einem vollendeten
Meister. Wäre im *Sat Yug* alles in Ordnung

gewesen, hätte er das nicht gesagt.

Guru Nanak hat gesagt, dies sei das Kal Yug, und es sei jetzt an der Zeit, Naam zu geben. Gibt es Naam nur im Kal Yug oder auch in anderen Zeitaltern?

Naam hat es in allen Zeitaltern gegeben. Im *Guru Grant Sahib* steht: "In allen vier Zeitaltern benötigt man einen gottgesandten Meister." Es steht da: "Wenn wir im menschlichen Körper nicht dem Meister dienen, werden wir in allen vier Zeitaltern unglücklich sein." Es wurde also gesagt, daß man in allen vier Zeitaltern den vollendeten Meitster braucht. Es steht auch in den Heiligen Schriften, daß Kabir in allen Zeitaltern als von Gott beauftragter Meister da war.

Heißt es nicht auch, daß erst seit Guru Nanak und Kabir die Meister diese Vollendung haben, von der höchsten Ordnung sind? Würde das bedeuten, daß Kabir in anderen Zeitaltern zwar da war, aber als Meister einer niedrigeren Ordnung als später?

Nein, er hatte dieselbe Stufe und Kompetenz. Nur wurde dieser Weg in jener Zeit nicht Surat Shabd Yoga genannt, sondern er hatte andere Bezeichnungen. Im frühesten Zeitalter sprach man von *nad-alusantan*, was 'den Ton finden' bedeutet. *Nad* ist der Ton, und *alusantan* heißt 'ihn finden'. So hatte man also in früheren Zeitaltern andere Namen dafür. Und in den heiligen Büchern steht auch, daß Lord Krishna von Ingris Rishi initiiert wurde, und zwar in einem früheren Zeitalter. Das hat es also in allen Zeitaltern gegeben. Wir haben nur einmal diesen, einmal jenen Namen dafür. Aber die Methode war immer dieselbe.

Demnach wurden in allen Zeitaltern die Seelen bis zur fünften Ebene geführt?

Ja, zur höchsten Stufe.

Sant Kirpal Singh erwähnte, daß es zwei Wege zur Erlösung gebe: 1. sewa (selbstloses Dienen im Werk des Meisters) und 2. die Meditation. Wie können diese verschiedenen Wege zum selben Ziel führen?

Sewa ist *selbstloses* Dienen und bindet den Schüler nicht an die Ergebnisse seines Handelns. Vielmehr wirft man nach und nach die Eindrücke von früheren Handlungen ab und entwickelt im selben Maße die Bindung an die innere Welt. Der andere Weg ist der der Konzentration, durch die das Gemüt ebenfalls keine Eindrücke von Handlungen empfängt. In Wahrheit ist *sewa* eine Form der Konzentration, da es das Gemüt zum Stillstand bringt, und es ist Meditation, da es unsere Aufmerksamkeit an den Meister bindet.

Der Meister pflegte auch zu sagen, daß **sewa** *'Bargeld' sei und Meditation ein 'Kredit'. Was bedeutet das?*

Selbstloses Dienen hat eine unmittelbare Wirkung auf uns, das heißt, wir haben die Ergebnisse, *während* wir unseren Dienst tun. Deshalb wurde es Bargeld genannt. Meditation hingegen wirkt sich nur langsam aus und in einem späteren Stadium, und deshalb wurde sie als Kredit bezeichnet.

In so vielen Religionen und besonders im Christentum gibt es die Vorstellung von der Verdammnis als Gegenpol zur Erlösung. Gibt es so etwas wie Verdammnis für die Seele? Und wenn ja, ist sie ewig?

Nein, es gibt keinen Ort, wo die Seele für immer verdammt ist. Aber für ihre schlechten Taten muß sie in niedere Schöpfungsarten gehen, um die Auswirkungen zu ertragen, und dies wird Verdammnis genannt. Wenn die Seele ihre Strafe verbüßt hat, gelangt sie wieder in höhere Schöpfungsarten.

In diesem Zusammenhang glauben die Leute an den Himmel und die Hölle. Existieren sie und, wenn ja, in welcher Form?

Himmel und Hölle sind der jeweilige Zustand der Seligkeit oder des Leidens, den die Seele erfährt, während sie in dieser Welt in einem Körper lebt.

Die Meister betonen, daß man die Erlösung mit der Hilfe des Meisters in diesem Leben haben kann. Ist das wirklich möglich?

Ja, das ist möglich.

Was geschieht, wenn es einem Schüler aus dem einen oder anderen Grund nicht möglich ist, sich in diesem Leben über das Körperbewußtsein zu erheben und so die innere Reise anzutreten?

Er wird in einem weiteren Leben noch einmal die menschliche Form annehmen müssen, die Initiation vom vollendeten Meister der Zeit erhalten und zu gegebener Zeit seine spirituelle Reise beenden.

Nach der Hindu-Religion sind wir entsprechend unserem Karma, unseren Taten aus früheren Lebensläufen, an das Rad von Geburt und Tod gebunden. Kannst Du bitte die Theorie des Karma erklären und wie sie sich mit dem Glauben an die Erlösung vereinbaren läßt?

Wir sind aufgrund unserer früheren Taten in dieser Welt. Schlechte Handlungen müssen wir begleichen, indem wir in niedere Schöpfungsarten geboren werden, und gute entsprechend in der höchsten Schöpfungsart – als Mensch, in der wir etwas mehr Freude in der Welt haben. Aber das Rad des Lebens dreht sich weiter. Wenn alle Handlungen beglichen sind, dann ist das die Erlösung.

Werden alle Seelen die Erlösung finden?

Jene, die den Pfad des Meisters gehen, werden die Erlösung finden, andere nicht.

Heißt dies, daß deren Handlungen vollständig beglichen werden?

Ihre Taten werden restlos ausgelöscht, wenn sie den inneren Pfad gehen.

IV

Anhang

Der lebende Meister

Soami Divyanand wurde am 18. September 1932 in dem kleinen Dorf Khandrawaly in Indien geboren. Seine Eltern gehörten zu einer angesehenen Familie namens Agarwal. Sein Vater, Dr. Piavelal, ist praktischer Arzt und seine Mutter Hausfrau.
Soamiji war der älteste Sohn, und schon in seiner frühen Kindheit sagte ein Astrologe seiner Mutter voraus, daß ihr Sohn ein großer Heiliger würde, der einmal die Welt auf den Pfad der Religion führen werde. Die Mutter war nun um ihn besorgt, da sie nicht wollte, daß ihr Sohn sich Bußübungen verschreiben und der Welt den Rücken kehren würde, und so ließ sie nichts unversucht, ihn an die Welt zu binden.
Seine Grundschulausbildung erhielt Soamiji in der kleinen Stadt Shamli in Uttar Pradesh, wo sein Vater als Arzt praktizierte und wo sich seine Familie endgültig niederließ. Hier schloß er die Grundschule in einer Institution ab, die von der Arya Samaj-Bewegung geführt wurde, der größten religiösen Reformbewegung in Indien, deren Sekretär Soamiji dann später wurde. 1948 verließ er mit erstklassigem Abschluß die höhere Schule und wurde zum Studium der Ingenieurswissenschaft an der Universität Roorky zugelassen, wo er schließlich das Diplom erwarb.
In seiner Kindheit erhielt Soamiji die religiöse

Unterweisung von seinem Vater. Schon als kleiner Junge war er es gewöhnt, sehr früh aufzustehen, einen Spaziergang zu machen, die heiligen Schriften zu lesen, religiöse Versammlungen zu besuchen und religiöse Lieder zu singen, wie es in jener Zeit allgemein Brauch war.
In diesen frühen Jahren sah man den Jungen oft stundenlang mit geschlossenen Augen dasitzen. Er sah immer Licht unterschiedlicher Art und war sehr glücklich über all die inneren Erfahrungen, aber er wußte nicht, was das eigentlich war. Er hatte ein starkes Verlangen danach, in die höheren inneren Ebenen zu fliegen, aber er verstand den Sinn von all dem nicht. Erst nachdem er 1957 von Sant Kirpal Singh die Initiation erhielt, konnte er es auf die rechte Weise erfahren. Soamiji wurde am 15. April 1957 initiiert, und da er dieses Datum als seinen wahren Geburtstag betrachtet, wird dieser Tag alljährlich gefeiert.
Nach dem Ingenieurs-Diplom arbeitete Soamiji an verschiedenen Orten als Zivil-Ingenieur im Staatsdienst. Er war sehr intelligent und außergewöhnlich fleißig, und so war er bald bei seinen Vorgesetzten wie Untergebenen für seine harte Arbeit und für seine Gewissenhaftigkeit bekannt. Wenn er arbeitete, dachte er an nichts anderes, und so bezeugen seine damaligen Vorgesetzten zum Beispiel, daß er einmal bei einer dringenden Kanalarbeit für zweiundsiebzig Stunden ununterbrochen bis zu den Knien ohne Stiefel in kaltem Wasser gestanden habe und erst herausgekommen sei, als die Arbeit beendet war. Ein andermal arbeitete er viele Tage lang ohne Unterbrechung und ohne auch nur eine Minute zu schlafen. So ist sein Leben ein leuchtendes Beispiel dafür, daß die gewissenhafte Pflichterfüllung im Beruf und in der Welt nicht nur mit der Spiritualität vereinbar, sondern unlösbar mit ihr verbunden ist, denn der Meister erklärt, daß einer, der seinem Arbeitgeber gegenüber nicht gewissenhaft ist, auch in seinen

spirituellen Pflichten gegenüber seinem Meister
nicht gewissenhaft sein kann. Die wahre Lebensweise ist ein fester Bestandteil der Spiritualität.
Die Initiation durch den großen Meister Sant
Kirpal Singh war ein wahrhaftes Wunder für
Soamiji. Sant Kirpal Singh gab ihm die Initiation, obwohl Soamiji sich skeptisch und unwillig
zeigte, da man in seiner Religionsgemeinschaft
nicht an die Meister glaubte. Aber schon nach
wenigen Tagen machte er sehr raschen Fortschritt. Später pflegte er zu sagen, daß es kaum
einen Tag in seinem Leben gab, an dem er
nicht die innere Vision des Meisters hatte. Er
verbrachte im allgemeinen acht bis zehn Stunden
am Tag in Meditation; der Meister und die
Meditation bedeuteten ihm alles.
Am 29. November 1949 heiratete Soamiji Sushila
Agarwal, mit der er eine Tochter hat, die sie
1970 verheirateten. Nach fünfundzwanzig Jahren
als Familienoberhaupt zog er sich völlig vom
weltlichen Leben zurück (am 29. November 1974),
um sein Leben ganz dem Werk des Meisters zu
weihen. Auch seine Frau widmete von da an
ihr Leben der Mission Sant Kirpal Singhs.
Bevor Soamiji zu seinem Meister kam, war er
ein Anhänger der vedischen Religion, in deren
Zentrum das ethische Leben steht. Obwohl er
nach den Grundsätzen der Gemeinschaft lebte,
zog er die Konsequenz und verließ die Gemeinschaft für immer. Kurze Zeit später begegnete
er in Saharanpur, wo er als Ingenieur arbeitete, seinem Meister Sant Kirpal Singh, und
nachdem er von ihm 1957 die Initiation erhielt,
waren alle seine Fragen für immer verschwunden.
Soamiji widmete nicht nur regelmäßig viele
Stunden der Meditation, sondern führte auch
das spirituelle Tagebuch zur Selbstprüfung, bis
Sant Kirpal Singh 1974 die Welt verließ. Bereits
1968 hatte der Meister ihm in der Meditation
gesagt, daß er nun das Tagebuch nicht länger
zu führen brauche, da er den Pfad vollendet

habe. Zu jener Zeit schrieb Soamiji unter der
Spalte für die spirituelle Erfahrung nur noch:
"Ich habe es alles." Aber er ging zum Meister
und sagte zu ihm, er wolle das Tagebuch weiter
führen, da es ein "Passierschein" sei, um den
Meister in der physischen Form zu sehen, während
die Meditation der Zugang zum inneren
Meister sei. Zu jener Zeit hatte Sant Kirpal
Singh eine gewaltige Schülerzahl, und so war
es nicht allen möglich, ihm nahe zu sein. Wenn
die Schüler ihm aber ihr Tagebuch brachten,
schaute er es sich gewöhnlich an, und er war
überglücklich, wenn jemand kam, der sehr gute
spirituelle Erfahrungen verzeichnete. Solche
Schüler lud er dann immer ein, mit ihm zusammenzusitzen,
und so holte er Soamiji immer zu
sich und saß manchmal bis zu acht Stunden
mit ihm zusammen und sprach mit ihm.
Auch unter seinen Brüdern auf dem spirituellen
Pfad war er bald als ergebener Schüler des
Meisters und als eine fortgeschrittene Seele
bekannt, und wer immer mit ihm zusammenkam,
wurde von seiner Ausstrahlung günstig beeinflußt.
Der Meister betraute ihn mit dem Satsang
in Shamli und in Saharanpur, und in den acht
Jahren, in denen er dort die spirituellen Versammlungen
abhielt, versäumte er sie nicht ein
einziges Mal. In späteren Jahren war fast täglich
Satsang, und die Menschen, die zu ihm kamen,
hatten großen spirituellen Gewinn davon. So
viele Menschen – auch solche, die nicht initiiert
waren – wurden von Soamiji angewiesen, zur
Meditation zu sitzen, und hatten Erfahrungen
von Licht und Ton und die Vision des Meisters.
1968 gab Sant Kirpal Singh Soamiji den Auftrag,
nach ihm zu arbeiten und zu initiieren,
aber er sprach mit niemandem darüber. Nur
einmal, als seine Frau den Wunsch äußerte,
Sant Kirpal Singh um die Initiation für ihre
Tochter zu bitten, sagte Soamiji, daß sie nicht
von Sant Kirpal Singh, sondern von ihm selbst
initiiert werden würde. Als Sushila dies hörte,

war sie sehr verwirrt, da sie nie daran gedacht hätte, daß ihr Mann einmal als Meister wirken könnte. Auch wollte sie keinesfalls, daß er der Meister würde, weil sie wußte, daß ein Meister ein sehr beschwerliches Leben führt. Sie konnte sich niemanden außer Sant Kirpal Singh als Meister vorstellen. So ging sie mehrmals zu ihm und bat ihn um die Initiation für ihre Tochter, aber es half nichts. Später, 1975, wurde die Tochter Uma selbst im Innern von Sant Kirpal Singh angewiesen, von Soamiji die Initiation zu bekommen.

Ähnliche Begebenheiten gab es in den ersten Jahren nach dem Scheiden des Meisters Sant Kirpal Singh bei vielen Menschen auf der ganzen Welt: Sant Kirpal Singh offenbarte denen, die er für würdig befand, daß er nun durch Soamiji wirkte. Unter der Führung und im Auftrag des Meisters nahm Soamiji 1979 die Einladung von Frau B.M. Fitting, der Repräsentantin Sant Kirpal Singhs für Mitteleuropa, an, in den Westen zu kommen. Er hielt in vielen Ländern in Europa, den USA, Kanada und Südamerika Vorträge und gab vielen Menschen die Initiation; nicht wenige hatten die Vision Meister Kirpal Singhs und Soamijis. Einige alte und neue Initiierte hatten ganz klare Offenbarungen und gewannen dadurch die Überzeugung, daß Soamiji der vollendete Meister der Gegenwart ist.

Mit der inneren Führung seines Meisters Sant Kirpal Singh gründete Soamiji die spirituelle Stadt Sant Kirpal Nagar, um die Arbeit des *man making* (der Schulung zum Menschen) fortzuführen, die sein Meister im Manav Kendra begonnen hatte. Die gesamte Planung und jede Aktivität in dieser Stadt steht unter der unmittelbaren Führung Sant Kirpal Singhs und trägt seine Handschrift – es ist dieselbe Art der Formung nach dem hohen Ideal der Spiritualität.

Soamiji ist der Gründer und Präsident des "Forums für die Universale Religion", einer

Initiative, die an Sant Kirpal Singhs Gründung der "Weltgemeinschaft der Religionen" sowie seine 1974 kurz vor seinem Tode in Delhi einberufene "Unity of Man Conference" anknüpft.
Nachdem Sant Kirpal Singh die Welt verlassen hatte, gab es viel Streit um die Nachfolge. Einige erhoben den Anspruch aufgrund angeblicher Dokumente, obwohl der Meister immer klar gemacht hatte, daß die Nachfolge nie durch Dokumente geregelt wird. Einige wurden von anderen gedrängt, die Nachfolge anzutreten, und sind in der Hand derer, die sie einsetzten. Somiji war der erste, der anfing die Initiation zu geben, und er sorgte sich nie um diese Dinge. Er sagte: Der Meister ist mit mir, und ich brauche mir wegen anderer keine Sorgen zu machen – seien es die 'Meister-Macher' oder bekannte und einflußreiche Leute. Er lebt für den Meister, und Sant Kirpal Singh hat zurecht gesagt: "Soami – So am I", "Ich bin eins mit Soamiji." So kennt die Welt heute Sant Kirpal Singh in der physischen Gestalt von Soami Divyanand – den alten Freund im neuen Gewand.

Sant Kirpal Nagar
– eine spirituelle Stadt

Unter der Planung und Führung des großen Meisters Soami Divyanand entsteht in Indien bei Sandila im Distrikt Hardoi (Uttar Pradesh) nicht weit von Lucknow die spirituelle Stadt Sant Kirpal Nagar, die in einem Zeitraum von fünfundzwanzig Jahren fertiggestellt werden soll – mit einer Einwohnerzahl von 200 000 Menschen. Was dort seit 1977 entsteht, ist in seiner Art und geplanten Größenordnung einmalig, auch wenn es äußerlich gesehen ähnliche Projekte gibt. In der jüngeren Vergangenheit ist dieses Vorhaben nur dem Manav Kendra bei Dera Doon vergleichbar, das der große Meister und Vorgänger Soami Divyanands, Sant Kirpal Singh, gegründet hat. Dieses "Zentrum für den Menschen" blieb unvollendet, als der Meister 1974 verschied, und es wurde von seinem geistigen Sohn an einem anderen Ort – nach dem gleichen Muster, aber im größeren Maßstab – wiederaufgenommen, um vollendet zu werden.
Das Gesellschaftsmodell, das dem Projekt zugrunde liegt, beschreibt Soamiji zuweilen als "Sozialismus oder Kommunismus auf spiritueller Grundlage". Was heißt das? Mit den Begriffen Sozialismus und Kommunismus verbindet jeder mehr oder weniger konkrete Vorstellungen, die je nach Einstellung mehr positiv oder negativ gefärbt sind. Auf der positiven Seite stehen Stichworte

wie "Gleichheitsprinzip", "soziale Gerechtigkeit", "Chancengleichheit" usw. Der Schlagwort-Charakter, den diese allzu vertrauten Begriffe in unseren Ohren angenommen haben, weist jedoch bereits auf ihre Aushöhlung hin, die Kluft zwischen Anspruch und Wirklichkeit, welche bezeichnenderweise in "kommunistischen" wie "kapitalistischen" Ländern gleich tief zu sein scheint. So stellen sich auf der negativen Seite Assoziationen ein wie "Bürokratismus", "Korruption", "Staatsrigorismus", "Unterdrückung der individuellen Freiheit" und andere mehr. Legt eine Regierungsform mehr Gewicht auf die soziale Gleichstellung der Menschen, so scheint nach der historischen Erfahrung die Einengung und Unterdrückung individueller Freiheit geradezu eine gesetzmäßige Folge zu sein, und liegt das Gewicht mehr auf der "freiheitlichen Ordnung" und "Initiative des einzelnen", dann ist soziale Ungerechtigkeit offenbar unvermeidbar. Ein Patentrezept scheint noch niemand gefunden zu haben, weder auf Staatsebene, noch im kleineren Maßstab in alternativen Städten und Kommunen. Daß selbst kleinere Gemeinschaften, die von idealistischen und mehr oder weniger gleichgesinnten Menschen ins Leben gerufen werden, häufig früher oder später scheitern, führt die schlichte Tatsache vor Augen, daß auch die faszinierendsten sozialen Modelle sich schließlich an den Menschen bewähren müssen, die sie in die Praxis umsetzen, und so ist es wohl nicht unpassend, die Mängel großer wie kleiner Gemeinwesen in einigen Grundproblemen der menschlichen Existenz zu sehen, für die man sicher universale Gültigkeit beanspruchen kann: man sieht sich daher immer wieder auf den einzelnen Menschen verwiesen.

Solange der Mensch sich mit seinem Körper identifiziert und sich für das begrenzte Wesen hält, das er im Spiegel betrachten, dessen Maße und Gewicht er feststellen kann, wird er nie in der Lage sein, die Einheit der Menschen tatsächlich

zu *erkennen*. Denn wenn er sich als etwas Separates, Abgrenzbares begreift, muß er notwendig alles andere als außerhalb von ihm oder ihm gegenüber betrachten. Das Wort 'Definition' bedeutet Abgrenzung, und indem sich der Mensch auf der Basis der sinnlichen Wahrnehmung und des Verstandes begreift, grenzt er sich ab.
Es ist eine einfache, aber tiefsinnige Erfahrung, daß ein kleines Kind auf die Frage: "Wer oder was bist du?" uns nur mit unverständlichen großen Augen ansieht und nichts zu erwidern weiß. Aber nur wenige Jahre später wird derselbe Mensch ohne zu zögern eine ganze Reihe "Definitionen" für sich geben: "Ich bin Fritz Meier, ich bin ein Mann, ich bin Deutscher, ich bin Christ, ich bin Katholik, ich bin Demokrat, Sozialdemokrat..." So errichten wir Schranken zwischen unseren Mitmenschen und uns, denn wo es einen Vorgesetzten gibt, da sind auch Untergebene, wo ein Arbeitgeber ist, da gibt es auch Arbeitnehmer usw.
Nun wäre zweifellos eine Orientierung in dieser Welt gar nicht möglich ohne ein Mindestmaß an Unterscheidung, auf das wir daher nicht verzichten können. Die Probleme entstehen erst dadurch, daß wir uns und andere mit diesen äußerlichen Merkmalen gleichsetzen und in eine Art Wertskala einordnen, in der es hoch und niedrig, gut und schlecht gibt. Warum sollten wir aber nicht dieselbe Achtung vor der harten körperlichen Arbeit eines Bauern haben wie vor der geistigen Tätigkeit eines Lehrers oder Wissenschaftlers? Vom ethischen Standpunkt kommt es nur darauf an, daß jemand sein Geld ehrlich verdient – sei es mit den Händen oder mit dem Kopf – und es mit anderen teilt. Wenn dies zum Maßstab für unsere gesellschaftliche Rangordnung würde, wäre schon viel erreicht.
Als der heilige Augustinus einmal einen Vortrag halten sollte, gab er seinen Zuhörern folgenden Rat: Drei Dinge seien es, die sie sich aneignen sollten – Demut, Demut und nochmals Demut.

Darüber hinaus habe er ihnen nichts zu sagen.
Wo Stolz auf sozialen Status herrscht, brechen
mit naturgesetzmäßiger Sicherheit auch immer
wieder Feindschaft und Haß aus, da die jeweils
Benachteiligten den privilegierten Bevölkerungs-
schichten ihre Vorrangstellung früher oder später
streitig machen und an ihre Stelle treten. Da
aber diese neue Führungsschicht auch nicht
gelernt hat, integrativ zu denken, also die
gesamte Gesellschaft als Einheit zu sehen, findet lediglich ein Wechsel der Machtverhältnisse
statt, der zwar möglicherweise mehr Gerechtigkeit auf breiter Basis bringt, aber zumeist den
Keim neuer Auseinandersetzungen bereits in sich
trägt, da es in diesem Dualismus immer Sieger
und Besiegte gibt. Dieses selbe dualistische
Prinzip findet sich auf allen Ebenen: von der
Familie über Betriebe und andere Arbeitsstätten
bis hin zum Staat, danach zwischen den Staaten
und schließlich zwischen ganzen ideologischen
Blöcken oder den Industriestaaten und der Dritten
Welt. Satus, Nationalität, Ideologie, Religion,
Rasse – alles kann Gegenstand eines Feindbildes
sein, nur weil es "anders" ist, außerhalb unserer eigenen Begrenztheit liegt.
Wenn die spirituellen Meister in die Welt kommen, dann kommen sie als Reformer oder gleichsam als "spirituelle Revolutionäre". Sant Kirpal
Singh schärfte seinen Anhängern stets ein, daß
die Welt dringend Reformer brauche, aber solche,
die nicht andere, sondern *sich selbst* reformieren.
Das ist die eigentliche umwälzende Idee, die
sie verkünden und die zwar nicht neu ist, aber
immer wieder neu belebt werden muß. Solche
seltenen Persönlichkeiten üben deshalb so großen
Einfluß aus, weil sie die Ideale, die sie predigen, auch selbst in ihrem eigenen Leben verwirklicht haben. Jesus Christus hat nicht nur
gepredigt, daß man seine geringsten Brüder
lieben solle wie sich selbst, sondern er ist zu
den Aussätzigen, zu den Zöllnern und anderen
Ausgestoßenen und Unterpriviligierten gegangen

und hat ihnen gezeigt, daß er sie als Menschen achtete.
Zu allen Zeiten hat es die vollendeten Meister gegeben, die auf Gottes Geheiß in die Welt kommen, um die Menschen wieder mit Gott zu vereinen. Und die Heiligen Schriften aus allen Zeiten und allen Teilen der Welt, welche vom Leben dieser "Übermenschen" Zeugnis geben, lassen eines deutlich erkennen: Was diese Persönlichkeiten so groß machte, war ihre unvergleichliche Demut. Sie sind leidenschaftliche Verehrer des *einen* Allmächtigen Gottes, dem sie vollkommen ergeben sind. Und da sie dieselbe Gotteskraft in allen Menschen und allen Geschöpfen erkennen, sind sie von einer tiefen Achtung und Liebe zur ganzen Schöpfung erfüllt. Sie leben in einem höheren Bewußtsein, in dem es für sie kein Innen und Außen gibt, sondern nur Gott, der alles durchdringt. So können sie leicht über die Unzulänglichkeiten ihrer Mitmenschen hinwegsehen, weil sie das göttliche Licht auch hinter dem dunkelsten Schleier erkennen. Als Guru Nanak einmal gefragt wurde, welches die schlechtesten Menschen seien, erklärte er, er habe die ganze Welt durchforscht und keinen einzigen schlechten Menschen gefunden, aber schließlich, als er in seine eigene Seele blickte, festgestellt, daß er selbst der schlechteste von allen sei – und dies, obwohl seine Schüler in ihm den Gottmenschen erkannten. Und Guru Amar Das erklärte, man solle nach seinem Tod aus seiner Haut Schuhe für die Ergebenen Gottes machen. Es gibt viele Geschichten aus dem Leben der Heiligen, die eine Demut veranschaulichen, welche gewöhnliche Menschen nicht begreifen können und nicht selten als Schwäche auslegen, da sie gewöhnt sind, Einfluß an Macht zu knüpfen.
Zur Demut erziehen die Meister auch ihre Schüler. In früheren Zeiten bekamen sie die Initiation erst nach zehn oder mehr Jahren, wenn nach einer strengen Schulung aller Stolz der

Erkenntnis gewichen war, daß sie vor Gott unendlich nichtig waren. Wenn jemand dem Meister nachfolgen wollte, mußte er alles vergessen, was er in der Gesellschaft darstellte, seien Besitz und alles andere.
Als König Janaka den Heiligen Ashtavakra um die Initatiation bat, forderte der Meister den König auf, sich vor den Augen einer großen Versammlung zwischen die Schuhe am Eingang zur Meditation zu setzen, um so zu demonstrieren, daß er nicht als König zu ihm kommen könne, sondern als ein Mensch wie jeder andere. Und er verlangte als Lohn für die göttliche Offenbarung, die er ihm geben werde, daß der König ihm all seine Macht, seinen Palast und allen anderen Besitz übergebe, nicht weil er auch nur das Geringste davon begehrte, sondern weil Janaka nicht das innere Licht sehen konnte, solange sein Herz an all diesen Dingen hing. Als Janaka ihm in allem gehorchte, bekam er die Gotteserfahrung, und Ashtavakra gab ihm seinen "Lohn" zurück, damit der König ihn in Zukunft "verwalten", aber nicht als sein eigen betrachten sollte. Und als ein reicher Mann zu Jesus kam und ihn fragte, was er tun müsse, um Gott zu sehen, antwortete er: "Gib deinen ganzen Besitz und alles, was dein ist", und er erklärte: "Es ist leichter, daß ein Kamel durch ein Nadelöhr gehe, denn ein Reicher ins Reich Gottes komme." (Matth. 19,24)
Dies sind Lektionen von großer Tragweite, die nichts an Gültigkeit verloren haben, auch wenn es heute allzu viele sogenannte Gurus oder Meister gibt, die solche Opfer von ihren Anhängern verlangen, um sich selbst zu bereichern, und vor denen schon Jesus als den "falschen Propheten warnte, die im Schafspelz kämen, inwendig aber "reißende Wölfe" seien.
So bringen die wahren Meister eine "spirituelle Revolution", bei der die Menschen nicht andere zu bessern versuchen, sondern sich selbst umwandeln, nach den Grundsätzen der Gewaltlosig-

keit, der Wahrhaftigkeit, Reinheit und Demut oder Liebe für alle. Und der beste Prüfstein dafür, ob jemand wirklich der vollendete Meister ist, liegt zunächst darin, inwieweit er die Ideale, die er predigt, in seinem eigenen Leben verwirklicht.

Ein Beispiel aus dem Leben des gegenwärtigen Meisters Soamiji mag das veranschaulichen: Als einen Grundsatz lehrte er, seine materiellen Bedürfnisse nach und nach einzuschränken und eine einfache Lebensweise anzunehmen, da dies die einzige Möglichkeit sei, sich von den äußeren Bindungen zu lösen. Er selbst ist die Verkörperung der Bedürfnislosigkeit: Schon vor vielen Jahren, lange bevor er der spirituelle Meister wurde, hatte er in sein eigenes Leben ein System eingeführt, das seine materiellen Bedürfnisse äußerst bescheiden hielt und es ihm ermöglichte, den größten Teil seines Einkommens dazu zu verwenden, die Not anderer zu lindern: Er reduzierte seine Garderobe auf zwei Kleider-Sets (Hemd, Hose, Wäsche), die er einmal am Tag wechselte: Eins trug er, das andere wurde gewaschen. Er verzichtete auf Medizin und Kosmetik, auf Lederschuhe, um die Schuhcreme zu sparen, er aß nicht mehr als eine Gemüsebeilage zu einer Mahlzeit statt zwei und tat so alles, was der Vereinfachung seines Lebens diente, und er praktiziert dies bis auf den heutigen Tag. Obwohl er mehrere kleine Industriebetriebe gegründet hat und einen einträglichen landwirtschaftlichen Betrieb besitzt, lebt er in einem einfachen gemauerten Raum von acht Quadratmetern, dessen Mobiliar aus Bett, Tisch und Stuhl besteht. So behält er einen geringen Teil seines Einkommes für sich und gibt den größten Teil anderen. Er beansprucht keinerlei Respektbezeugungen von irgendjemandem, sondern begegnet seinerseits jedermann mit Achtung und Liebe – selbst denen, die ihn hassen – und macht nicht im geringsten Aufhebens von sich.

Er lebt nach dem Grundsatz: Ein Beispiel ist

besser als tausend Worte, und durch sein Vorbild und seine liebevolle Fürsorge werden seine Schüler nach demselben Ideal geformt. Dieser Prozeß wurde bereits von Sant Kirpal Singh als *man making* bezeichnet - Erziehung zum Menschen und obwohl der Meister diese Schulung allen seinen Schülern in der ganzen Welt gibt, hat er zu ihrer Hilfe ein Zentrum gegründet, das einzig und allein dem *man making* dient: die spirituelle Stadt Sant Kirpal Nagar.
die erste Voraussetzung für den Erfolg dieses Projekts ist, das jeder Bewohner der Stadt auf den Pfad des Meisters initiiert ist, denn das ist das Band, das alle - vom kleinen *Brahmchari* (Priesterschüler) bis zum ältesten Bürger der Stadt - verbindet. Da die Menschen wissen, daß das Entscheidende an ihrem Leben ist, dem vollendeten Meister begegnet zu sein und von ihm die Initiation erhalten zu haben, betrachten sie sich alle als Brüder und Schwestern, ohne daß die Frage nach hoch oder niedrig aufkäme. Da sie die Initiation aber als eine Gnade Gottes empfinden, kämen sie nie auf die Idee, sich etwa als eine Elite vor anderen Menschen zu betrachten. Das einzige, worauf sie stolz sind, ist ihr Meister. Sein Vorbild und seine Größe ist ihnen Ansporn, sich als seine Anhänger würdig zu erweisen, indem sie seine Tugenden in ihrem eigenen Leben zu verwirklichen suchen - Bescheidenheit und "Dienen vor dem Selbst" an erster Stelle.
Die Prinzipien der Gleichheit und der Einheit finden aber auch in der äußeren Gestaltung des Alltags in Sant Kirpal Nagar vielfach Ausdruck. So ist es selbstverständlich, daß sich alle Bewohner mit "Bruder" und "Schwester" anreden, damit nicht diejenigen, die eine "höhere" Tätigkeit ausüben, solche Initiierte, die beispielsweise ihre Wohnungen putzen, als Bedienstete betrachten. *Alle* sind Diener, egal welche Tätigkeit sie ausüben. Um der sozialen Diskriminierung körperlicher Arbeit weiter entgegen-

zuwirken, verrichtet hier jeder auch harte körperliche Arbeit, zunächst vor allem beim Bau der Häuser und Gebäude. Schon im Manav Kendra von Sant Kirpal Singh sah man einen Mathematikprofessor aus Amerika Traktor fahren und einen Komponisten aus Europa Steine schleppen. Der Meister selbst war der erste gewesen, der eine große Pfanne Lehm auf seinem Kopf transportierte. Wenn er sich für keine einzige Arbeit zu gut war, wie konnte sich dann irgendein anderer zu schade dafür sein? Genauso ist es auch gegenwärtig in Sant Kirpal Nagar: Wer auch immer kommt, um "sewa" - selbstlosen Dienst zu leisten, tut dies in Form von körperlicher Arbeit, und niemand wird ihm mit besonderer Ehrerbietung beggnen, nur weil er irgendeine hohe Stellung innehat, viel Geld besitzt oder in der Welt als einflußreich gilt. Hier ist er ein "sewadar", ein Diener, wie alle anderen, und er ist es gern.
Weiter wird soziale Ungleichheit dadurch abgebaut, daß niemand seine vermeintlich höhere Position äußerlich durch irgendwelche Statussymbole demonstrieren kann: Alle Bewohner erhalten ihre Kleidung vom stadteigenen Schneiderei- und Strickereibetrieb; alle Wohnungen und Häuser unterscheiden sich lediglich in der Zahl der Zimmer (entsprechend der jeweiligen Größe einer Familie), sind aber in der Ausstattung gleich; niemand darf ein Auto besitzen, außer solchen, die es für ihre berufliche Tätigkeit brauchen; alle essen in mehreren Schichten in der großen Gemeinschaftskantine, die gesunde und frische Nahrung aus der landwirtschaftlichen Produktion der Stadt bietet.
Dennoch ist dies aber keine Gelichmacherei, die den Leistungswillen des einzelnen lähmen würde. Nur soll der Ansporn zur Leistung nicht aus dem Ego oder dem Stolz kommen, dem Bestreben, sich über seine Mitmenschen zu erheben oder Macht auszuüben, denn solche Neigungen würden jeden spirituellen Fortschritt der Menschen zu-

nichte machen. Der Hauptansporn ist der Wunsch, sich seines Meisters und seiner Mitschüler würdig zu erweisen, indem man auf jedem Gebiet entsprechend seinen Fähigkeiten sein Bestes gibt. Wer in einer bescheidenen Haltung seine Aufgaben nach bestem Vermögen erfüllt, ohne dafür eine Belohnung oder Anerkennung zu fordern, der wird ganz von selbst dadurch belohnt, daß er rasch auf dem spirituellen Pfad fortschreitet. Indem er so "verborgene Schätze anhäuft", wird ihm äußerer Besitz von alleine gleichgültig. Dies ist die "spirituelle Basis" oder das Fundament, auf dem das soziale Gebäude steht und das einen hohen moralischen Standard sichert.
Da aber alle außer dem Meister selbst noch auf dem *Weg* zur Vollkommenheit sind, werden auch äußere Leistungsanreize gegeben. Jeder Bewohner erhält ein Mindesteinkommen, um seinen Lebensunterhalt und den seiner Familie zu decken. Selbst wenn einer gar nicht arbeitet, hat er genug zum Leben. Darüber hinaus sind die Einkommen aber nach Leistung gestaffelt, und zwar nach der Ausbildung, die a) allgemeine Bildung und b) Fachausbildung umfaßt, der tatsächlichen Arbeitsleistung ("output") und der Kreativität (also z.B. Mitgestaltung am Arbeitsplatz wie Erfindungen und Organisationsideen, die zur Leistungssteigerung beitragen). Die Einkommen für den einzelnen sind entsprechend flexibel, so daß er, wenn er sich während seiner beruflichen Tätigkeit weiterbildet, wozu die Stadt selbst Einrichtungen bereitstellen wird, sein Einkommen steigern kann. Die Löhne werden individuell ausgezahlt, und zwar auf Konten bei der stadteigenen Finanzgesellschaft. Jeder kann über dieses Geld verfügen, auch über den Mindestbedarf hinaus.
Fast die gesamte Grundversorgung wie Nahrung und Kleidung (einschließlich zentralem Wäsche-Service) wird aber durch Betriebe auf Gemeinschaftsbasis oder im Besitz von Initiierten kostenlos oder sehr kostengünstig geleistet, so

daß ein bescheidener, aber gesicherter Lebensstandard sehr wenig Geld erfordert. Da überdies ein einfaches, genügsames Leben zu den ethischen Idealen gehört, werden die Bürger bestrebt sein, nur einen verhältnismäßig kleinen Teil des Geldes zu verbrauchen. Den Betrag, der nach Abzug aller privaten Ausgaben übrig bleibt, überträgt der Bürger in regelmäßigen Abständen (z.B. nach Jahresfrist) dem gemeinsamen Fond der Stadt bzw. der Gesellschaft, die damit Investitionen für Einrichtungen im humanitären und Dienstleistungssektor vornimmt, wie Krankenversorgung, Schulen, Ausbildungsstätten und ähnliches. Die Abgaben des einzelnen für die Stadt beruhen also auf freiwilliger Basis. Da jeder einen gesicherten Arbeitsplatz hat und sich alles kaufen kann, was nicht sein Einkommen übersteigt, und von niemandem zum Verzicht oder zur materiellen Selbstbeschränkung gezwungen wird, ist dem sonst in Indien vorrangigen Problem der Korruption von vornherein der Boden entzogen, denn es gibt nichts was man mit unehrenhaften Mitteln besser erreichen könnte als mit ehrlichen. Überdies werden Vertrauenspositionen (also z.B. in der Verwaltung, der Finanzkontrolle usw.) mit Personen besetzt, die nicht nur die nötige fachliche Qualifikation mitbringen, sondern sich vor allem durch ihre spirituelle Entwicklung und damit eine hohe moralische Integrität dafür eignen.

In diesem System liegt also der Ansporn für höhere Leistung darin, einen größeren Beitrag zum Gemeinwohl zu leisten und damit dem Meister besser zu dienen. Jeder betrachtet die Stadt und ihre Entwicklung auch als seine eigene Sache, und er weiß gleichzeitig, daß sie materiell und spirituell auch ihm selbst zugute kommt.

Auch für Unternehmerinitiative besteht genügend Spielraum: Die gewerblichen Betriebe sind alle in privater Hand, nicht Eigentum der Stadt. **Aber nur Initiierte können Eigentümer sein.**

Indem das Gesamtkonzept so angelegt ist, daß die Stadt nahezu autark ist, bestehen die Unabhängigkeit und Geschlossenheit, die nötig sind, um ein Gesellschaftsmodell auf spiritueller und damit moralischer Basis zu verwirklichen. Gleichzeitig steht das Projekt aber von der gesamten Gesellschaft her gesehen auf einer soliden Grundlage, da die allgemeinen ökonomischen Gesetzmäßigkeiten (Rentabilität und Wettbewerbsfähigkeit der Betriebe, systematische Planung und Verwaltung) beachtet werden, die die materielle Grundlage bilden. Anders als in utopischen und daher zum Scheitern verurteilten Projekten dieser Art wird hier nicht das Kapital als Grundübel betrachtet und ausgeschaltet, sondern nur die Geldgier und Ichsucht der Menschen. So ist nicht nur Handel innerhalb Indiens vorgesehen und schon in bescheidenem Umfang begonnen, sondern es werden auch Handelsbeziehungen zum Ausland angestrebt: Das Projekt ist also einerseits so unabhängig und abgeschlossen, daß der hohe ethische Standard nicht gefährdet ist, welcher in einem Gemeinwesen von 200 000 Menschen nur im unmittelbaren Wirkungs- und Ausstrahlungsbereich eines vollendeten Meisters realisierbar sein wird – und es wird andererseits in das gesamte Wirtschafts- und Gesellschaftsnetz des Landes eingebunden sein. Nur unter diesem Doppelaspekt kann es in der Öffentlichkeit überzeugen.

Warum, so mag man fragen, wird so viel Wert darauf gelegt, daß nur Menschen in der Stadt wohnen, die auf den Pfad des Meisters initiiert sind? – Die Initiation ist das Band, das alle Bürger mit dem Meister und untereinander verbindet. Wer auf den spirituellen Pfad gestellt wurde, sieht das transzendente Licht in sich und hört den transzendenten Ton, die Manifestationen Gottes im Innern, die in jedem Menschen sind. Dieses "Wort" oder "Naam" ist der wahre Meister, und es ist immer im Schüler. Der Schüler, der diese Erfahrung tagtäglich hat und sich

mit dem Meister im Innern verbindet, weiß, daß
er Gott nicht täuschen kann, da Er jede seiner
Handlungen und sogar jeden seiner Gedanken
kennt. Daher ist ihm eine wahrhaftige, ethische
Lebensweise eine innere Notwendigkeit. Er weiß,
daß er die Freude und den Frieden, die er in
der Meditation erfährt, aufs Spiel setzt, wenn
er die Gebote des Meisters mißachtet, weshalb Christus
seine Schüler warnte, darauf zu sehen,
daß das Licht in ihnen nicht Finsternis werde.
Bei vielen Initiationen, die der Meister oft
Hunderten von Menschen auf einmal gibt (und
bei denen die Initiierten hinterher sagen, was
für eine Erfahrung sie hatten), sieht er, daß
die anderen dieselbe Erfahrung haben wie er,
und das gibt ihm das Bewußtsein, daß alle
seine Brüder sind, da alle dasselbe Licht Gottes
in sich haben. Weil ansonsten nicht über die
inneren Erfahrungen gesprochen wird, weiß im
allgemeinen niemand vom anderen, wir fortgeschritten er auf dem spirituellen Pfad ist, und
so kann dies nicht zu einer neuen Quelle des
Stolzes und der Mißgunst werden. Aber die
sonst übliche Klassifizierung der Menschen nach
ihrem Rang und Ansehen in der Welt gilt hier
nichts, denn der kleine Wäscher kann den Arzt
oder Professor an innerem Wissem weit über-
treffen. So gab es einen Gärtner in Sant Kirpal
Nagar, der seine Arbeit in aller Aufrichtigkeit
und Bescheidenheit verrichtete und von allem,
was er erntete, dem Meister die schönste Frucht
oder Blume dankbar zu Füßen legte. Er war
so fortgeschritten, daß er die strahlende Gestalt des Meisters immer sah, ob er arbeitete,
aß oder ging oder schlief. Für die weniger
fortgeschrittenen Schüler sind die fortgeschrittenen Seelen Ansporn und Vorbild, und
alle werden ganz von selbst durch die spirituell
geladene Atmosphäre beeinflußt, die in der Gegenwart des Meisters und so vieler ernsthafter
Schüler herrscht, wodurch alle rasch auf dem
spirituellen Pfad fortschreiten und hier in kur-

zer Zeit erreichen, was sonst Jahre in Anspruch nehmen würde.

Die geplante Stadt, die unter der Schirmherrschaft des Meisters Soami Divyanand entsteht und gegenwärtig einige hundert Einwohner zählt, soll auf einer Fläche von ca. 20 qkm in einem Zeitraum von 25 Jahren aufgebaut werden.

Die Gesamtanlage der Stadt ist in die folgenden vier Teilbereiche untergliedert:

	Größe in Hektar	Kosten in DM
1. den spirituellen Sektor	80	135 Mio.
2. den Wohnsektor	120	405 Mio.
3. den gewerblichen Sektor	400	540 Mio.
4. den Dienstleistungssektor	1400	270 Mio.

Der spirituelle Sektor

Zu diesem Sektor werden die folgenden Einrichtungen gehören:

1. Das Meditationszentrum

Dabei handelt es sich um ein Gebäude, das für 13,5 Mio. DM (50 Mio. Rupien) erbaut werden soll und in dem 200 000 Personen unter einem Dach zu Meditations- und Konzentrationsübungen zusammensitzen können. Meditation ist unbedingte Pflicht für alle Bürger. Sie werden in zwei "Schichten" zur Meditation zusammensitzen und sich somit *gemeinsam* ihren Übungen widmen. Dies erzeugt das Gefühl, daß man gemeinsam arbeitet und Gott dient.

2. Die Guru Ka Langar (= freie Küche des Meisters)

In der Stadt ist eine Gemeinschaftsküche vorgesehen. Eine *Langar*, in der 500 000 Personen in drei Stunden verköstigt werden können, befindet sich im Bau. Sie soll 13,5 Mio. DM (50 Mio. Rupien) kosten. Unterschiede in der Ernährung führen zu Unzufriedenheit mit dem eigenen wirtschaftlichen Status. Gemeinschaftliches Kochen und Essen wird dazu beitragen, die sozialen Beziehungen zu verbessern und das Gefühl der Brüderlichkeit zu fördern.

3. Der Masarovar

Ein elliptischer See mit dem Namen Masarovar, der 135 x 75 m groß sein wird, ist derzeit im Bau. Die Kosten dafür belaufen sich auf 5,4 Mio. DM (20 Mio. Rupien). Der künstliche See ersetzt die Flußufer. Günstige Orte für die Meditation wie Seen und Flüsse haben im religiösen Leben Indiens eine große Bedeutung. Dies ist der Grund für den Bau des Monsarovar. Der ellipsenförmige See wird etwa drei Meter tief mit Wasser gefüllt und mit blauen Kacheln und an den Seiten mit weißem Marmor ausgekleidet. Rings um den See werden Bäder angelegt, so daß das Wasser des Sees nicht durch die Körperreinigung verschmutzt wird. Der ganze See wird von einer ca. drei Meter breiten Terrasse umsäumt sein, die Gelegenheit zur Meditation bietet. Schattige Plätze in der Umgebung sollen den Ort noch anziehender gestalten.

4. Bal Bhawan, Nari Niketan, Virakt Ashram

Es sind drei Hochhäuser geplant: eine Heimstätte für Kinder bis zu 15 Jahren; ein Wohnheim für arbeitende Frauen und ein Heim für alte Menschen. Diese Einrichtungen sollen der jeweiligen Personengruppe ein Zuhause geben, in dem sie alles Lebensnotwendige vorfindet, und diesen Menschen die Möglichkeit bieten, ihrem Alter gemäß zu lernen und zu arbeiten. Lernen ist nicht nur auf die Jugend beschränkt und Arbeit aufs mittlere Lebensalter, sondern jeder erhält Anregung, sich bis zum letzten Atemzug zu bilden und durch seine freiwillige Arbeit zu einem nützlichen Bürger zu machen. Jedes der Gebäude wird 1000 Personen beherbergen und ca. 5,4 Mio. DM (20 Mio. Rupien) kosten.

5. Der Satsang-Platz

Vorgesehen ist ein von allen Seiten abgeschirmter Platz, auf dem 500 000 Personen zusammensitzen und Satsangs halten können, die monatlich stattfinden. An diesem Ort werden alle religiösen und anderen Versammlungen abgehalten werden.

6. Das Verwaltungsgebäude

Die Verwaltung wird in einem Hochhaus untergebracht sein. Einundzwanzig von Sekretären geleitete Abteilungen werden ihren Sitz in diesem Gebäude haben. Die Verwaltungsabteilungen sollen auf kleinstem Raum in größter Nähe zueinander untergebracht werden und auf diese Weise wirksam zusammenarbeiten. Von hier aus erfolgt die Koordinierung der gesamten Verwaltung.

7. Die sozialen Einrichtungen

Im gleichen Sektor sind Gästehäuser, Unterkünfte für Ausländer und indische Besucher, ein Einkaufszentrum und ein Schwimmbad vorgesehen. Für leitende Angehörige der Verwaltung werden in diesem Bereich 100 Wohneinheiten entstehen.

II. Der Wohnsektor

Es werden 30 000 Wohneinheiten entstehen, die in Hochhäusern untergebracht werden und 200 000 Personen beherbergen sollen. Die Kosten hierfür belaufen sich auf 405 Mio. DM (1,5 Mrd. Rupien). Alle Einheiten werden sich in Bau und Ausstattung gleichen, um ein Gefühl sozialer Gleichheit zu vermitteln. Vorgesehen sind drei Arten von Unterkünften mit jeweils einem, zwei oder drei Schlafzimmern. Die Unterbringung wird je nach den Bedürfnissen der dort wohnenden Familien verschieden sein, aber alle Einheiten werden in Bauart und Innenausstattung dem Prinzip der sozialen Gleichheit entsprechen.

Auch die Einrichtung wird in allen Unterkünften ähnlich sein. Dies wird jegliches Gefühl der Ungleichheit beseitigen. Darüber hinaus wird für Parks und Treffpunkte allgemeiner Art gesorgt sein.

III. Der gewerbliche Sektor

Er wird sich auf ein Gebiet von ca. 4 qkm erstrecken und 500 kleinere, mittlere und große Betriebe umfassen, in denen nahezu alles hergestellt werden soll, was die Bürger an Konsumgütern brauchen. Auf diese Weise stehen gleichzeitig Arbeitsplätze für alle Bürger sowie Ausbildungs- und Lehrstellen für die Einwohner der Stadt zur Verfügung. Die einzelnen Industriebetriebe gehören entweder einer Einzelperson, einer Genossenschaft oder einer privaten oder öffentlichen Aktiengesellschaft. Der Besitz von Indurstriebetrieben ist den Einwohnern der Stadt vorbehalten. Die Verwaltung wird bei der Planung und dem Aufbau von Betrieben Hilfestellung leisten und mit dafür Sorge tragen, daß die Arbeit dort reibungslos vonstatten geht. Es soll ein Komitee von Fachleuten gebildet werden, die neuen Unternehmern jede mögliche Hilfe und Anleitung geben. Für Arbeiter sollen darüber hinaus auf gemeinschaftlicher Basis Ausbildungsprogramme erarbeitet werden, damit immer Fachkräfte zur Verfügung stehen. Weiterhin werden Schulungseinrichtungen geschaffen, nach dem Grundsatz: Lerne, während du arbeitest, und arbeite, während du lernst; diese Lehrgänge befassen sich mit der sozialen Entwicklung und wirtschaftlichen Verbesserung und werden auf Gemeinschaftsbasis organisiert. Schließlich werden Feldlager, Parkplätze, Wohlfahrtzentren für Arbeiter sowie andere Einrichtungen geschaffen.

IV. Der Dienstleistungssektor

Die Kosten für diesen Sektor werden bei 135 Mio. DM (500 Mio. Rupien) liegen. Er wird folgende Ausbildungseinrichtungen umfassen: Stätten für technische Ausbildung, Lehrstätten, Ausbildungseinrichtungen für idustrielle, soziale und wirtschaftliche Bereiche sowie Institute für religiöse Studien. Jede Ausbildung wird bis zur höchsten Stufe kostenlos und jedermann zugänglich sein. Es wird keine Diskriminierung aus wirtschaftlichen oder sozialen Gründen geben. Mechanisierter Ackerbau und eine modernisierte Milchwirtschaft werden die Stadt mit den notwendigen Lebensmitteln versorgen. Die Molkerei wird täglich 100 000 Liter Milch produzieren, so daß jeder einzelne mit Milch versorgt werden kann.

Die Stadt ist nach dem Prinzip der allseitigen Selbstversorgung geplant. Gandhi pflegte zu sagen, unsere Dörfer sollten autark sein, also alles, was sie verbrauchen, selbst produzieren. Das Leben in dieser Stadt ist also dergestalt, daß die Menschen sich allseitig entwickeln – in sozialer, wirtschaftlicher und vor allem spiritueller Hinsicht. Letztlich dienen alle Aktivitäten der Spiritualität:

Die Menschen sind von ihren weltlichen Sorgen befreit, weil ihr Einkommen wie auch ihre Ausbildung und die ihrer Kinder und schließlich auch die medizinische Versorgung ihrer Familie gesichert sind:

Es gibt Arbeit für jeden Bürger.
Die Bildungseinrichtungen sind kostenlos und stehen jedem zur Verfügung.
Jeder erhält eine technische Ausbildung.
Es gibt fachliche Schuleinrichtungen unterschiedlicher Fachrichtungen, um ein hohes Ausbildungsniveau zu sichern.
Die medizinischen Einrichtungen sind kostenlos.
Durch eine gute Organisation entfällt die

Sorge um die täglichen Bedürfnisse wie Einkauf, Kochen, Wäschewaschen usw.
Die Menschen leben zufrieden, weil sie ihre materiellen Wünsche und Bedrüfnisse einschränken und ein natürliches, einfaches Leben vorziehen. Sie überwinden Stolz und Egoismus durch den Dienst am Nächsten und an der gemeinsamen Sache.
Sie achten alle als ihre Brüder, da sie wissen, daß in allen dasselbe Licht Gottes ist.
Sie sind wahrhaftig, da sie wissen, daß sie Gott im Innern nicht täuschen können.
Sie schreiten spirituell fort, da sie durch eine wahrhaftige Lebensweise, durch tägliche Meditation und durch die spirituelle Atmosphäre von den Unreinheiten des Gemüts befreit werden und ein höheres Bewußtsein erlangen.

Anke Kreutzer

Glossar

Adi Granth
(auch: Guru Granth Sahib)

> (hindi u. panjabi);"das ursprüngliche Buch";
> Hymnensammlung der Sikh-Meister, insbesondere von Guru Nanak und Guru Gobind Singh;
> sie enthält auch Gedichte von Kabir

ahimsa

> Gewaltlosigkeit, Nicht-Angreifen

amritsar

> s. mansarovar; Amritsar ist auch eine Stadt
> in Nordindien, welche von Guru Amar Das gegründet und von seinem Nachfolger Guru
> Arjan Dev vollendet wurde

bang-i-asmani

> bang = Musik, asmani = Gott; der Ton Gottes;
> mahammedanische Bezeichnung für das "Wort"
> oder den Tonstrom

Brahmand

> die dritte Schöpfungsebene oder Kausalebene,
> wo die Seele noch nicht (wie von den Yogis
> angenommen) die Erlösung findet, sondern

noch immer unter der Herrschaft der negativen Kraft (Kal) steht; nur ein vollendeter Meister kann die Seele darüber hinausführen

Christuskraft

= Gotteskraft oder Meisterkraft; in der Bibel "das Wort" oder "der heilige Geist"; die Kraft, die ewig und unwandelbar allgegenwärtig ist und jeweils durch einen lebenden Pol oder Meister-Heiligen wirkt

Dayal-Kraft

die reine Gotteskraft, die, indem sie durch einen Meister-Pol wirkt, die Seelen von der Wiedergeburt befreit

Dera

hier: Wohnsitz des spirituellen Meisters

Ebenen

die Meister teilen die Schöpfung in fünf Bereiche oder Ebenen ein, von der materiellen, physischen über die materiell-spirituellen bis zu den rein spirituellen Ebenen

Eindrücke

s. Karma

Empfänglichkeit

ein Schlüsselbegriff für den Pfad des Meisters: durch Reinheit des Herzens und zielgerichtete Aufmerksamkeit wird der Schüler fähig, die Ausstrahlung oder Vibration des spirituellen Meisters selbst aus großer Entfernung zu empfangen

epigrah

Bedürfnislosigkeit

Ingris Rishi

der spirituelle Meister von Lord Krishna

Initiation

die bewußte Verbindung der Seele mit dem "Wort", die nur ein spiritueller Meister herstellen kann

Jesus Christus

der vollendete Meister (Sohn Gottes) seiner Zeit, der – wie alle spirituellen Meister – zur Erlösung seiner Zeitgenossen kam. Zu allen Zeiten ist ein **lebender** Meister für das Erlösungswerk erforderlich

Kabir

(1398 – 1518) spiritueller Meister, der sich wie sein Schüler Guru Nanak sehr für die Überwindung der Religions- und Kastengegensätze einsetzte

Kal-Kraft

= negative Kraft, s. Kal Purush

Kal Purush

die göttliche Kraft, welche die Welt erschaffen hat und die Schöpfung erhält; sie bindet die Seelen durch die Täuschung an das Rad der Wiedergeburt

Kal Yug

(sanskrit) Kal = negative Kraft, Yug = Zeitalter, auch als Eisernes Zeitalter bekannt; letzte große Zeiteinteilung innerhalb eines großes Zyklus, der mit dem Sat Yug oder Goldenen Zeitalter beginnt

Karma

>(sanskrit) "Handeln"; Gesetz von Ursache und Wirkung; jede Tat, ob gut oder schlecht, hat ihre Rückwirkung auf den Urheber

Körper

>der menschliche Körper ist der "Tempel Gottes" - die einzige Schöpfungsart, die zur Gotterkenntnis fähig und berufen ist

Krishna (Lord Krishna)

>vollendeter Meister; meistens mit einer Flöte dargestellt - ein Hinweis darauf, daß er die Seelen, die er initiierte, mit dem Ton der fünften Ebene (Flöte) verbinden konnte. Die historische Lebensdaten sind nicht bekannt; er wird im allgemeinen als mythologische Gestalt betrachtet

Manav Kendra

>**man making centre,** Zentrum zur Heranbildung des Menschen; von Sant Kirpal Singh 1970 - vier Jahre bevor er die Welt verließ - bei Dera Doon am Fuß des Himalaya gegründet. Es wird heute von Soami Divyanand an einem anderen Ort und in größerem Maßstab in Sant Kirpal Nagar in der Nähe von Lucknow weitergeführt und vollendet

mansarovar

>heiliger See auf der dritten spirituellen Ebene, in den die Seele eintaucht und dadurch von allen Eindrücken (des Karmas) reingewaschen wird, um so dem Machtbereich der negativen Kraft zu entrinnen

nad alusantan

>(sanskrit) nad = Ton, alusantan = suchen; altindische Bezeichnung für den Surat Shabd Yoga

nad-brahma-nad

    (sanskrit) nad = Ton, brahma = Gott; Bezeichnung bei den Hindus für den Ton Gottes

man making

    (engl.) Heranbildung zum Menschen

Nanak, Guru

    (1469 - 1539) der erste Guru der Sikhs; Schüler und Nachfolger von Kabir

nirwana

    der von Buddha gebrauchte Begriff für das Erlöschen allen Eigenwillens und für die Erlösung

nur-elahi

    (arab.) nur = Licht, elahi = Gott; mohammedanische Bezeichnung für das Licht Gottes

padam recha

    Lotos- oder Sternzeichen an den Fußsohlen der vollendeten Meister; sie werden von ihnen niemals zur Schau gestellt, da dies als Wunder betrachtet würde

pind

    die physische Welt; die unterste der fünf Schöpfungsebenen

prago

    die Bezeichnung der Hindus für das innere, göttliche Licht

priagraj

    s. mansarovar

Ramakrishna Paramhansa

(1834 - 1886) bekannter indischer Heiliger

Ramayana

(sanskrit) "Ramas Lebenslauf"; dem Sänger Valmiki zugeschriebenes Epos aus dem 2. Jahrhundert n. Chr., welches das Leben von Lord Rama beschreibt

Ruhani Satsang Society

die von Sant Kirpal Singh zunächst unter dem Namen **Ruhani Satsang** gegründete und später umbenannte Gemeinschaft, die der Wissenschaft der Spiritualität diente

Sach Khand

die fünfte und höchste, rein spirituelle Schöpfungsebene

sanskar

(sanskrit) die Eindrücke, die das Handeln und Denken in der Welt in der Seele hinterläßt und die die Ursache für ihre Täuschung und Verblendung sind

Sant Kirpal Nagar

1977 von Soami Divyanand gegründete spirituelle Stadt, die das Manav Kendra von Sant Kirpal Singh fortsetzt und vollendet

Sar Bachan

Vers- und Prosasammlung, die die Lehren Soami Shiv Dayal Singhs enthält

Sat Lok

Ort der Wahrheit - höchste spirituelle Ebene

satsang

> sat = Wahrheit, sang = Gemeinschaft; Gemeinschaft und Zusammenkünfte mit dem lebenden spirituellen Meister bzw. in seinem Namen

Seele

> das reine, göttliche Bewußtsein bzw. der reine Geist im Menschen; die Seele ist unsterblich und wesenseins mit Gott, jedoch durch die fortwährende Verkörperung in der Welt von zahllosen materiellen Eindrücken bedeckt, die ihre Sicht trüben

sewa

> selbstloses Dienen (im Werk des Meisters)

sewadar

> selbstloser Diener (im Werk des Meisters)

Sikh-Heilige

> die zehn Gurus der Sikhs, die mit Guru Nanak beginnen und mit Guru Gobind Singh enden; sie alle waren die jeweiligen spirituellen Meister ihrer Zeit

simran

> geistige Wiederholung der kraftgeladenen Namen, die der Meister bei der Initiation gibt

Soami Shiv Dayal Singh

> (1818 - 1878) spiritueller Meister; Schüler und Nachfolger von Tulsi Sahib und Meister von Baba Jaimal Singh; Soamiji lebte und wirkte in Agra, Panjab

Surat Shabd Yoga

surat = Aufmerksamkeit, shabd = Tonstrom; **der Yoga,** bei dem sich das individuelle **Bewußtsein** mit dem göttlichen Tonstrom verbindet

Spiritualität

die praktische Wissenschaft der Selbsterkenntnis und Gotterkenntnis

Tulsi Sahib

(1763 - 1843) Schüler und Nachfolger von Guru Gobind Singh (dem zehnten Guru der Sikhs) und Meister von Soami Shiv Dayal Singh

Yoga

(sanskrit) yog = verbinden; Yoga bedeutet die Verbindung oder Vereinigung der Seele mit Gott

Veden

"verwirklichtes Wissen"; die älteste erhaltene religiöse Schrift der Menschheit

Wort

"Am Anfang war das Wort, und das Wort war bei Gott und Gott war das Wort"; die erste Offenbarung Gottes in Form von Licht und Ton

Kontaktadresse

Sant Kirpal
Yog Sadhna Ashram
z.Hd. Anke Kreutzer
Im Malerwinkel 1
5340 Bad Honnef

Wir machen Bücher
die aus der Stille kommen.
Unser Programm umfaßt
spirituelle Belletristik,
Sachbücher, feinfühlige Kunstkarten
und anderes mehr.
Fordern Sie unseren
kostenlosen Katalog an.

Verlag Günter Koch
Postfach 229
D-3392 Clausthal-Zellerfeld